Roland Dincher
Marcel Mosters

Personalauswahl
und
Personalbindung

Schriftenreihe
der Forschungsstelle für Betriebsführung und Personalmanagement e.V.
Band 8

Personalauswahl und Personalbindung

Einführung und Fallstudie zur Auswahl, Einstellung und Einarbeitung neuer Mitarbeiter

von

Prof. Dr. Roland Dincher
M. A. Marcel Mosters

2., überarbeitete und erweiterte Auflage

Bibliografische Information Der Deutschen Bibliothek
Die Deutsche Bibliothek verzeichnet diese Publikation in der Deutschen Nationalbibliografie; detaillierte bibliografische Daten sind im Internet über http://dnb.ddb.de abrufbar.

ISSN 1618-3541

ISBN 978-3-936098-28-0

Alle Rechte vorbehalten
© 2011 Forschungsstelle für Betriebsführung und Personalmanagement e.V., Neuhofen/Pf.

Dieses Werk ist urheberrechtlich geschützt. Jegliche Verwertung außerhalb der engen Grenzen des Urheberrechtsgesetzes ist ohne Zustimmung der Forschungsstelle unzulässig. Dies gilt insbesondere für Vervielfältigungen, Übersetzungen und die Einspeicherung oder Verarbeitung in elektronischen Systemen.

Vorwort zur zweiten Auflage

Konzeption und Aufbau des Bandes sind gegenüber der ersten Auflage unverändert geblieben.

Inhaltlich ist der erste Teil mit der theoretischen Einführung in das Thema vollständig überarbeitet und aktualisiert worden. Einige Teile wurden ergänzt und erweitert, so dass die Bearbeitung der Fallstudie nun im Wesentlichen ohne Hinzunahme weiterer Einführungsliteratur möglich ist.

Die Fallstudie selbst wurde aktualisiert und in einigen Details angepasst, ansonsten aber weitgehend unverändert übernommen.

Neuhofen, im Juni 2011

Roland Dincher
Marcel Mosters

Vorwort zur ersten Auflage

Personalauswahl und Personalbindung gehören traditionell zu den Kernaufgaben des betrieblichen Personalwesens. Personalverantwortliche mit hoher Kompetenz für die Beurteilung und Auswahl von Bewerbern sind für die Unternehmen, denen sie dienen, ein bedeutsamer Wettbewerbsvorteil. Wer die richtigen Mitarbeiter aufspürt und für den Betrieb gewinnen kann, trägt maßgeblich zum nachhaltigen Unternehmenserfolg bei. In Zeiten der Massenarbeitslosigkeit und des Bewerberüberhanges ist diese Binsenweisheit in der Vergangenheit aber gelegentlich in den Hintergrund getreten.

Der demografische Wandel unserer alternden Gesellschaft, dessen erste Vorboten am Arbeitsmarkt sichtbar werden, zwingt nun zur Rückbesinnung. Bereits heute wird der Nachwuchs knapp, und zwar nicht nur in einzelnen Branchen, sondern auf breiter Front. Insgesamt wird das Arbeitskräfteangebot in den kommenden Jahren drastisch zurückgehen. Die Fähigkeit, das benötigte Personal zu gewinnen, wird für viele Unternehmen dann zu einer existenziellen Frage.

Der vorliegende Band knüpft an einer früheren Veröffentlichung in dieser Schriftenreihe an, die unter dem Titel „Personalmarketing und Personalbeschaffung" die ersten Schritte des Rekrutierungsprozesses bis hin zur Personalwerbung thematisierte. Neben einer kurzen theoretischen Einführung lag der Schwerpunkt dieses Bandes auf einer Fallstudie unter der Überschrift: „Nietnagel sucht einen Einkäufer". Nun wird der Faden aufgegriffen und weitergeführt.

Das erste Kapitel dieses Bandes gibt zunächst eine **Einführung** in die Thematik der Personalauswahl: Welche Auswahlmethoden stehen dem Betrieb zur Verfügung und wie werden sie richtig angewandt. Im Weiteren werden die Personalbindung, also die Einstellung sowie die Einführung und Einarbeitung neuer Mitarbeiter behandelt. Dieses erste Kapitel bildet die theoretische Grundlage für die Bearbeitung der nachfolgenden Fallstudie.

Das zweite Kapitel bildet die **Fallstudie** unter dem Titel „Nietnagel stellt einen Einkäufer ein". Sie stellt aus der Sicht eines externen Spezialisten den gesamten Prozess der Personalauswahl und Personalbindung dar. Sie beginnt mit der Sichtung der Bewerbungsunterlagen und entwickelt sich dann in mehreren Schritten über die Vorauswahl der Bewerber, die Feinanalyse der Bewerbungsunterlagen, die Teilnahme an den Vorstellungsgesprächen, die Entscheidungsfindung, bis sie schließlich – nach dem Vertragsschluss – in die Planung der Einarbeitung und die nachgehende Betreuung des Auftraggebenden Betriebes mündet.

Durch die Verwendung von vollständigen Bewerbungsmappen (Kap. 4) von Bewerbern können die einzelnen Schritte des Prozesses sehr realitätsnah nachgebildet werden.

Im dritten Kapitel werden ausführliche Bearbeitungs- und Lösungshinweise gegeben, die es erlauben, die Fallstudie auch ohne persönliche Anleitung im Selbststudium sinnvoll zu nutzen.

Das Buch richtet sich vor allem an Studierende an Hochschulen und Akademien, die sich auf eine Aufgabe im betrieblichen Personalwesen oder in der Personaldienstleistung – Personalberatung, Personalvermittlung, Zeitarbeit, Arbeitsberatung, Arbeitsvermittlung – vorbereiten, aber auch an Praktiker, die sich in die Aufgaben der Personalauswahl und -bindung einarbeiten wollen.

Neuhofen, im Dezember 2009

Roland Dincher

Marcel Mosters

Inhalt *Seite*

1	**Einführung**	**1**
1.1	Personalauswahl und -bindung bei der Personalbeschaffung	1
1.2	Eignung als Maßstab der Personalauswahl	3
1.3	Gütekriterien der Personalbeurteilung und -auswahl	5
1.4	Methoden der Personalauswahl	9
1.4.1	Analyse der schriftlichen Bewerbungsunterlagen	10
1.4.1.1	Bewerbungsschreiben	12
1.4.1.2	Lebenslauf	14
1.4.1.3	Schulzeugnisse	16
1.4.1.4	Arbeitszeugnisse	17
1.4.1.5	Lichtbild	20
1.4.1.6	Sonstige Bewerbungsunterlagen	21
1.4.2	Vorstellungsgespräch	22
1.4.3	Eignungstest	28
1.4.4	Assessment Center	30
1.4.5	Sonstige Auswahlverfahren	34
1.4.6	Entscheidungsfindung	36
1.4.7	Bedeutung der Auswahlverfahren in der Praxis	39
1.5	**Personalbindung**	**41**
1.5.1	Arbeitsvertrag	41
1.5.2	Entgelt- und Cafeteria-Systeme	43
1.5.3	Familienfreundliche Beschäftigungsbedingungen	45
1.5.4	Personalentwicklung	46
1.5.5	Personaleinführung und -einarbeitung	49
1.6	Exkurs: Das Allgemeine Gleichbehandlungsgesetz (AGG)	54
2	**Fallstudie: Nietnagel stellt einen Einkäufer ein**	**57**
2.1	Die Vorgeschichte	57
2.2	Die Qual der Wahl	58
2.3	Checkliste und Bewerberliste	63
2.4	Die engere Wahl	68
2.5	Die Feinanalyse	73
2.6	Lucas bereitet sich vor	79
2.7	Lucas als stiller Beobachter	81

2.8	Lucas als Moderator	100
2.9	Lucas als Ratgeber	102
2.10	Lucas hält Kontakt	106
3	**Bearbeitungs- und Lösungshinweise**	**109**
3.1	Vorauswahl der Bewerber	109
3.2	Feinanalyse der schriftlichen Bewerbungsunterlagen	114
3.3	Vorbereitung und Analyse der Vorstellungsgespräche	120
3.4	Entscheidungsfindung	123
3.5	Einarbeitung und Nachbetreuung	124
4	**Anlagen: Bewerbungsmappen**	**127**
4.1	Udo Müller	127
4.2	Molly Gabler	139
4.3	Jelena Malschuk	147
4.4	Karl-Heinz Schmitz	157
4.5	Jens Großkreutz	171

Verzeichnis der Abbildungen   **173**

Literaturverzeichnis   **175**

1 Einführung

1.1 Personalauswahl und -bindung bei der Personalbeschaffung

Personalauswahl und Personalbindung sind Teilaspekte der betrieblichen Personalbeschaffung. Die Personalbeschaffung ihrerseits gehört zu den personalwirtschaftlichen Grundfunktionen, die jeder Betrieb gewährleisten muss. Durch Verlust von Personal (z.B. durch Fluktuation, Pensionierung etc.) oder aufgrund einer Ausweitung der Betriebstätigkeit entsteht ein Personalbeschaffungsbedarf, im ersteren Falle in Form eines Ersatzbedarfes, im zweiten Falle als Neubedarf, der gedeckt werden muss, um die Betriebstätigkeit planmäßig aufrecht erhalten zu können.

Der Prozess der Personalbeschaffung kann sich über einen längeren Zeitraum erstrecken und dabei erhebliche Ressourcen binden. In seinem zeitlichen Ablauf kann er anhand eines Phasenschemas dargestellt werden.

Abb. 1: Phasen der Personalrekrutierung

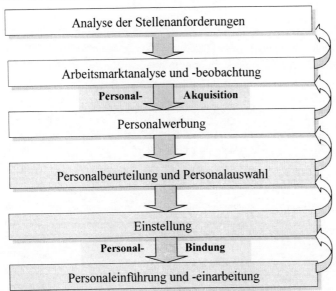

Der Prozess beginnt mit der Qualifizierung des Personalbeschaffungsbedarfes im Rahmen der Anforderungsanalyse und mündet schließlich über mehrere Schritte in die Einstellung und Einarbeitung der neu gewonnenen Mitarbeiter im Betrieb.

Theoretisch kann man sich die Personalbeschaffung als einen linearen Prozess vorstellen, in dem planmäßig eine Phase dieses Schemas nach der anderen durchlaufen wird. Diese Vorstellung wird aber der Realität nur bedingt gerecht. In der Praxis gibt es immer wieder Situationen, die es erfordern, einen Schritt zurück zu gehen und einen Arbeitsschritt zu wiederholen. So kann es z.b. passieren, dass trotz sorgfältiger Planung und Vorbereitung die Ergebnisse von Personalwerbemaßnahmen nicht befriedigen. Es ist dann z.b. zu prüfen, ob andere als die einbezogenen Zielgruppen in Betracht kommen oder die Personalwerbung auf andere oder weitere Beschaffungswege erstreckt werden kann, um bessere Ergebnisse zu erzielen. Häufiger kommt es auch vor, dass neue Mitarbeiter, die ausgewählt und eingestellt wurden, noch während der Probezeit kündigen oder entlassen werden, so dass die gesamte Einstellungsprozedur wiederholt werden muss. So ist es möglich, dass einzelne oder mehrere Phasen mehrmals durchlaufen werden.

In dem oben gezeigten Ablaufschema bilden die Personalbeurteilung und Personalauswahl, die Personaleinstellung und die Einarbeitung neuer Mitarbeiter den abschließenden Teil der Personalbeschaffung, deren Aktivitäten auf den vorangegangenen Maßnahmen, insbesondere der Personalwerbung[1], aufbauen. Wenn die Personalwerbung mit Erfolg betrieben und abgeschlossen wurde, dann liegen dem Betrieb - bzw. dem vom Betrieb damit beauftragten Dienstleister - eine Reihe von Bewerbungen für die ausgeschriebene Stelle vor, aus denen sodann eine Auswahl zu treffen ist.

Die Schwierigkeit - oder auch Leichtigkeit - aus den eingegangenen Bewerbungen den „richtigen" Bewerber bzw. die „richtige" Bewerberin[2] herauszufiltern, ist ganz wesentlich durch die Qualität des verfügbaren Bewerberpotenzials geprägt. Diese wiederum hängt maßgeblich von der Qualität der Vorangegangen Aktivitäten ab. Im besten aller denkbaren Fälle haben die Maß-

---

[1] Die Personalwerbung und die vorbereitenden Aktivitäten der Personalbeschaffung im Rahmen des Personalmarketings sind Gegenstand des ersten Teils der Fallstudie; s. Dincher: Personalmarketing und Personalbeschaffung. Einführung und Fallstudie zur Anforderungsanalyse und Personalakquisition, 2. Aufl., Neuhofen 2007.

[2] Im folgenden Text werden ‚Bewerber', ‚Kandidaten' etc. in der Regel nur in der männlichen Schreibweise benannt. Dies erfolgt ausschließlich aus Gründen der besseren Lesbarkeit des Textes. Die Ausführungen gelten dessen ungeachtet für Männer und Frauen gleichermaßen.

nahmen des Personalmarketings und der Personalwerbung dazu geführt, dass dem Betrieb ein überschaubares aber hochkarätiges Bewerberpotenzial zur Verfügung steht. Für den Erfolg einer Personalbeschaffung kommt es daher nicht so sehr auf die Zahl eingegangener Bewerbungen an; viel wichtiger ist die Qualität des Bewerberpotentials. Denn: Ist **eine** Stelle zu besetzen, so wird ja auch nur **ein** Bewerber eingestellt. Rein theoretisch würde es demnach genügen, wenn sich aus dem gesamten Potential möglicher Bewerber nur ein einziger tatsächlich bewerben würde, nämlich derjenige, der für die Stelle auch am besten geeignet ist. Dieser theoretisch denkbare Fall dürfte in der Praxis indessen kaum je vorkommen. Und selbst wenn: Woher wollte man wissen, dass der eine Bewerber tatsächlich der bestgeeignete sei. In der Praxis wird man sich daher eher ein nicht zu großes, aber qualitativ hochwertiges Bewerberpotential wünschen. Dann bleibt der Aufwand bei der Analyse der Unterlagen und der weiteren Auswahlschritte überschaubar, der Betrieb hat aber dennoch Wahlmöglichkeiten.

1.2   Eignung als Maßstab der Personalauswahl

In der Phase der **Personalauswahl** geht es darum, unter den verfügbaren Bewerbern, die eine Bewerbung eingereicht haben, nach dem Gesichtspunkt der Eignung eine Auswahlentscheidung zu treffen. Der **Eignungsbegriff** steht hier also im Zentrum des Interesses. Hierbei resultiert die Eignung eines Bewerbers aus der Relation der Anforderungen der Stelle zu den Eigenschaften und insbesondere zu den Qualifikationen und Kompetenzen der Bewerber.

Ausgangspunkt der Anforderungsanalyse ist oft eine Stellenbeschreibung, in der die Aufgaben, Kompetenzen und Verantwortlichkeiten der zu besetzenden Stelle beschrieben werden. Aus dieser Darstellung kann ein Anforderungsprofil abgeleitet werden. Das Anforderungsprofil ist bereits vorher im Kontext der Personalwerbung notwendig[1], sollte also in der Phase der Personalauswahl in der Regel vorliegen. Grundsätzlich sollten die Anforderungen eines Arbeitsplatzes im Hinblick auf objektiv messbare Kriterien hin untersucht werden. So können die Anforderungen eines Arbeitsplatzes anhand von physischen, psychischen, fachlichen und persönlichkeitsbezogenen Merkmalen beschrieben werden. Im Kontext der Personalauswahl haben vor allem auch formale Anforderungsmerkmale große praktische Bedeutung.

---

[1] Vgl. Dincher 2007a, S. 15 ff.

Personalauswahlentscheidungen sollten von den Unternehmen nicht spontan getroffen werden, sondern das Ergebnis eines systematischen Vergleichs zwischen den Anforderungen des Arbeitsplatzes und dem Fähigkeits- bzw. Kompetenzprofil der Bewerber sein. Artfremde Informationen, die nicht die Eignung der Bewerber betreffen, sollten demnach unter dem Gesichtspunkt einer optimalen Stellenbesetzung bei der Auswahlentscheidung keine Rolle spielen.

Abb. 2: Anforderungs-, Kompetenz- und Eignungsprofil

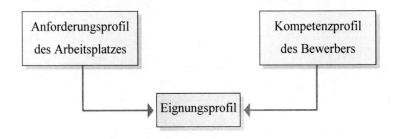

Die folgende Abbildung 3 zeigt in grafischer Darstellungsform einen Profilvergleich am Beispiel einer Stelle mit manueller Tätigkeit. Die teilweise große Diskrepanz zwischen der Höhe der Anforderungen und der Fähigkeiten des Bewerbers lässt eine relativ geringe Eignung für diese Stelle erkennen.

Das Hauptproblem der Personalauswahl besteht in der Erhebung der Daten, die für den Profilvergleich benötigt werden, und zwar vor allem der Daten zum Fähigkeits- bzw. Kompetenzprofil der Bewerber. Dabei ist aus unternehmerischer Sicht zu beachten, dass eine Über- oder Unterforderung des Mitarbeiters ausgeschlossen wird. Dieses könnte zu einer Vielzahl von negativen Auswirkungen auf beiden Seiten führen. So könnten sich bei einer Überforderung des Mitarbeiters z.B. Produktivitätsverluste einstellen und beim Mitarbeiter zu Enttäuschung und Resignation führen. Eine Unterforderung des Mitarbeiters wiederum kann zur Unzufriedenheit des Mitarbeiters aufgrund mangelnder Auslastung und Forderung führen, was in der Folge in höhere Fehlzeiten und nicht zuletzt auch in höhere Fluktuation münden kann.

Abb. 3: Profilvergleich für eine Stelle mit manuellen Tätigkeiten[1]

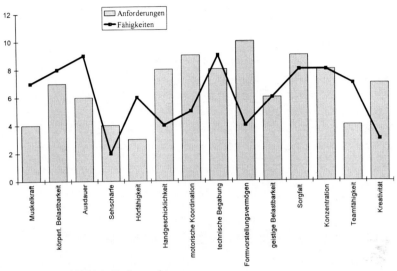

Geht man davon aus, dass das Anforderungsprofil der zu besetzenden Stelle in der Phase der Personalauswahl bereits vorliegt, dann kann sich das Augenmerk hier nun ganz auf die Ermittlung der entsprechenden eignungsrelevanten Merkmale der **Bewerber** richten.

1.3 Gütekriterien der Personalbeurteilung und -auswahl

Die Auswahlmethoden sind in ihrer Aussagekraft im Hinblick auf die Eignung der Bewerber und in ihrer Treffsicherheit bei der Bewerberauswahl begrenzt. Es gibt letztendlich keine hundertprozentige Sicherheit bei personellen Auswahlentscheidungen. Dies darf nun allerdings nicht bedeuten, dass Personalentscheidungen, wenn sie also ohnehin nicht mit totaler Sicherheit getroffen werden können, dann einfach dem Zufall überlassen werden könnten. Zwischen einer zufälligen oder willkürlichen und einer treffsicheren Auswahlentscheidung liegt immer noch eine breite Spanne höherer oder geringe-

---

[1] Bearbeitet und ergänzt nach Mag 1998, S. 103.

rer Rationalität und Entscheidungsqualität. So muss also, durchaus in dem Bewusstsein, dass sichere Entscheidungen nicht möglich sind, das Bestreben dahin gehen, personelle Auswahlentscheidungen möglichst rational zu treffen, dem Zufall und der Willkür möglichst wenig Raum zu geben. Dies setzt voraus, dass die gesamte Personalauswahl, insbesondere aber die verwendeten Auswahlmethoden und die Art ihrer Anwendung, an klar definierten Gütekriterien orientiert und daran gemessen werden.

Abb. 4: Gütekriterien der Personalauswahl[1]

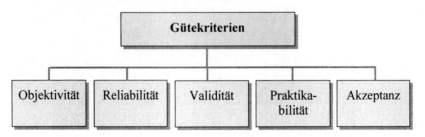

Neben den allgemeinen wissenschaftlichen Gütekriterien der Objektivität, der Reliabilität und der Validität sind unter betriebspraktischen Erwägungen insbesondere die Praktikabilität und die Akzeptanz als weitere Gütemerkmale zu nennen.

(1) Die **Objektivität** beschreibt die Unabhängigkeit der Ergebnisse eines Test- bzw. Auswahlverfahrens von der Person des Ausführenden bzw. Verantwortlichen. Sie beinhaltet folglich das Ausmaß bzw. das Ausbleiben subjektiver Einflüsse auf den Verlauf und das Ergebnis von Beurteilungs- und Auswahlprozessen. Da die Personalauswahl regelmäßig im direkten (z.B. Auswahlgespräche) oder indirekten (z.B. Bewerbungsunterlagen) Kontakt mit den Probanden geschieht, ist die Ausschaltung subjektiver Störgrößen im Auswahlprozess schwierig und eines ihrer Hauptprobleme. Potentielle „Objektivitäts-Störer" liegen u.a. in der Verzerrung und Verfälschung der Wahrnehmung durch verschiedene Faktoren.

---

[1] Vgl. Jung 2011, S. 764/765.

Abb. 5: Beurteilungsfehler[1]

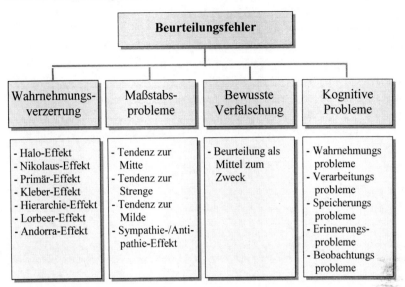

Durch Training und aktives Arbeiten an und gegen derartige Beurteilungsfehler kann gut ausgebildetes Personal die Objektivität ebenso fördern, wie es durch eine sorgfältige Planung und Standardisierung des Vorgehens möglich ist.

(2) **Reliabilität** gibt den Grad der Zuverlässigkeit eines Testverfahrens an. Hohe Reliabilität bedeutet, dass bei wiederholten Messungen eines Merkmals immer wieder das gleiche Ergebnis erzielt wird. Niedrige Reliabilität hingegen bedeutet, dass wiederholte Messungen zu jeweils anderen Messergebnissen führen.

Die möglichen Ursachen einer geringen Reliabilität sind vielfältig. Sie können z.B. bei einem Test darin begründet sein, dass

- die zu beurteilende Person die Aufgabe nicht versteht,
- die zu beurteilende Person abgelenkt wird
- oder die zu beurteilende Person unaufmerksam ist.

---

[1] Vgl. Berthel/Becker 2010, S. 252; s. auch Saar 2005, S. 5; Jung 2011, S. 766 ff.

Eine bewährte Maßnahme zur Beurteilung und Verbesserung der Reliabilität ist die wiederholte Erhebung eines Merkmales mit verschiedenen Methoden, Personen etc.

(3) **Praktikabilität** (auch: organisationale Effizienz[1]) zielt primär auf die problemlose Entwicklung und Durchführbarkeit des Auswahlverfahrens in der betrieblichen Praxis ab. Nicht jedes Test- oder Auswahlverfahren, das beispielsweise bei wissenschaftlichen Untersuchungen entwickelt und eingesetzt wird und das theoretisch auch für die betriebliche Personalauswahl in Betracht kommen könnte, ist auch unter Praktikabilitätsgesichtspunkten im betrieblichen Kontext geeignet. Neben organisatorischen können hier insbesondere auch wirtschaftliche Erwägungen[2] einem praktischen Einsatz widersprechen.

(4) **Akzeptanz** bezieht sich auf die Haltung der Bewerber gegenüber dem eingesetzten Auswahlverfahren. Verschiedene Auswahlmethoden und Arten ihrer Anwendung finden bei Bewerbern ein unterschiedlich positives oder negatives Echo, und zwar sowohl in der ex post als auch in der ex ante Betrachtung. Unter dem Gesichtspunkt des Personalmarketings ist vor allem darauf zu achten, dass die Bewerber keinen Auswahlpraktiken ausgesetzt werden, die auf Ablehnung stoßen, beispielsweise Tests oder Fragen, welche die Intimsphäre der Bewerber berühren und dergleichen. Hierzu gehört auch die strenge Beachtung gesetzlicher Vorgaben zur Vermeidung von Diskriminierung, insbesondere des AGG (vgl. Kap. 1.6)

(5) **Validität** bezeichnet die Gültigkeit einer Messung oder Beobachtung. Sie gibt an, inwieweit ein Instrument tatsächlich das Merkmal misst, das es messen soll. In Bezug auf die Personalauswahl bedeutet Validität vor allem, dass die Auswahlverfahren tatsächlich die Eignung der Bewerber erkennen lassen. Ein Auswahlverfahren ist dann valide, wenn es geeignet ist, die Spreu vom Weizen zu trennen, wenn es also treffsicher die am besten geeigneten Kandidaten aus dem Bewerberpool herausfiltern kann.

Um dies zu erreichen, sollten Unternehmen äußerst sorgfältig bei der Auswahl und Konstruktion der Auswahlverfahren vorgehen.

Abb. 6 zeigt die prognostische Validität von Auswahlverfahren.

---

[1] Vgl. Schuler 2000, S. 174.
[2] Zur Personalinvestitionsrechnung vgl. Becker 2011, S. 400 ff.

Abb. 6: Validität eignungsdiagnostischer Verfahren[1]

Prädiktor	Validität
Allgemeine kognitive Fähigkeitstests	.51
Arbeitsproben	.54
Integritäts-Test	.41
Gewissenhaftigkeitstests	.31
strukturiertes Einstellungsgespräch	.51
unstrukturiertes Einstellungsgespräch	.38
Fachkenntnistests	.48
Probezeit	.44
Biographische Daten	.35
Assessment Center	.37
Interessen	.10
Graphologie	.02

Die beobachtbare Praxis in den Unternehmen nimmt hierauf jedoch nur bedingt Rücksicht, was auch verständlich ist. Die Personalauswahl stellt sich aus betrieblicher Sicht als ein **Optimierungsproblem** dar, nicht als ein Maximierungsproblem. Es geht nicht darum, einzelne Gütekriterien zu maximieren, sondern darum, die teils widerstreitenden Prinzipien in ein im betriebswirtschaftlichen Kalkül optimales Verhältnis zueinander zu setzen, das am Ende den größten betrieblichen Nutzen verspricht. Die **Praktikabilität** spielt hier die entscheidende Rolle. Die Eignung eines Auswahlverfahrens für die betriebliche Praxis ist daher nicht primär eine wissenschaftliche, sondern letztlich eine unternehmenspolitische Frage.

1.4 Methoden der Personalauswahl

Zur Personalauswahl stehen den Personalverantwortlichen eine Reihe von Verfahren zur Verfügung, die zumeist kombiniert angewendet werden.

---

[1] Auszug aus Schuler 2004, Sp. 1375 (verkürzte Darstellung nach Schmidt/Hunter 1998, S. 22).

Abb. 7: Methoden der Personalauswahl

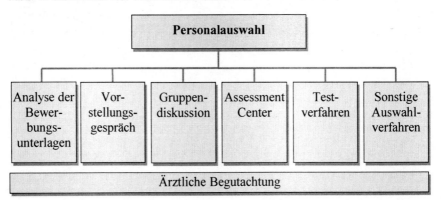

1.4.1 Analyse der schriftlichen Bewerbungsunterlagen

Die Personalauswahl beginnt im Allgemeinen zunächst anhand der schriftlichen Bewerbungsunterlagen. Spezifisches Merkmal von Bewerbungsunterlagen ist die Individualität der Bewerbungsmappe. Es gibt eine Vielzahl von so genannten Bewerbungsratgebern, die im Handel oder über das Internet zu erwerben sind. Diese sind zwar durch eine gewisse Einheitlichkeit in der Struktur geprägt, unterscheiden sich aber teils erheblich in der differenzierten Ausgestaltung der Bewerbung in Form von Deckblättern, „Standardsätzen", Floskeln und vor allem des Layouts. So ist es nicht verwunderlich, dass entsprechend dieser „Empfehlungen" die Ausgestaltung der Bewerbungsmappen höchst individuell ausfällt und damit für die Unternehmen schwer vergleichbar ist.

Die schriftlichen Bewerbungsunterlagen können und müssen eine Vorauswahl der Bewerber herbeiführen. Keinesfalls aber sollten diese Unterlagen zu stark ins Gewicht fallen, also etwa bereits einen endgültigen Entscheidungsvorschlag zugunsten eines Bewerbers begründen. Die schriftlichen Unterlagen gewinnen erst im Verbund mit dem persönlichen Vorstellungsgespräch und ggf. weiteren Maßnahmen ihre Aussagekraft. Grundlegend lässt sich eine Prüfung der Bewerbungsunterlagen einteilen[1] in die Kategorien:

---

[1] Vgl. Albert 2008, S. 91.

- Form,
- Vollständigkeit,
- Stil,
- Inhalt.

(1) Die **Form** der Bewerbungsunterlagen wird durch die formale Gestaltung der Aussagen und des Layouts bestimmt. Hat sich der Bewerber Mühe beim Erstellen der Unterlagen gegeben oder ist es ein Standardschreiben? Wie ist die äußere Form gestaltet? Sind die Unterlagen lesefreundlich gestaltet? Wie steht es um Rechtschreibung und Zeichensetzung? Bewerber, die sich intensiv mit der Stellensuche auseinandersetzen, reichen in der Regel eine optisch ansprechendere Bewerbung ein, als Bewerber, die nicht mit höchster Priorität nach einer Stelle suchen[1].

(2) Bei der **Vollständigkeitsprüfung** wird untersucht, ob der Bewerber alle üblichen bzw. angeforderten Unterlagen eingereicht hat. Dazu gehört auch die Prüfung der lückenlosen Werdegangsangabe im Lebenslauf. Eine immer häufiger praktizierte Methode ist die **Kurzbewerbung**. Bei dieser Bewerbung wünscht das Unternehmen in der Regel nur ein Anschreiben und einen Lebenslauf. Falls der Bewerber die erste Selektionsrunde übersteht, wird er dann aufgefordert, die kompletten Bewerbungsunterlagen nachzureichen. Der Vorteil dieser Methode liegt in der Verwaltungsvereinfachung der Unternehmen. Das Unternehmen spart Zeit und Kosten, da es keine komplette Bewerbungsmappe mehr sichten und zurücksenden muss. Dieser Effekt kann auch durch Verwendung eines standardisierten Bewerberfragebogens erzielt werden.

(3) Auch der **Stil** der eingegangenen Bewerbungsunterlagen ist Gegenstand der Analyse. Der Stil sollte möglichst durchgängig sein, um die Persönlichkeit des Bewerbers eindeutig widerzuspiegeln. Es wird unterschieden zwischen den Stil-Dimensionen sachlich vs. erlebnisorientiert sowie dynamisch vs. statisch[2]. Es ist ratsam, den eingeschlagenen Stil nicht zu „brechen", um ein in sich stimmiges Bild der eigenen Persönlichkeit auszudrücken.

(4) Integraler Bestandteil der Prüfung ist weiterhin die **inhaltliche** Analyse der Bewerbungsunterlagen. Warum bewirbt sich der Bewerber bei der Firma, was ist seine Motivation, was sind seine Kompetenzen? Neben solchen allgemeinen Fragen werden unter inhaltlichen Gesichtspunkten aber auch gezielte

---

[1] Vgl. z. B. Weber 2007, S. 94.
[2] Vgl. Albert 2008, S. 72.

Fragen beantwortet zur Biographie, zu den schulischen Leistungen und Abschlüssen, der beruflichen Qualifikation etc. Diese spezifischen Fragen richten sich dann jeweils an die einzelnen Unterlagen, die eine schriftliche Bewerbung umfasst.

Abb. 8: Schriftliche Bewerbungsunterlagen

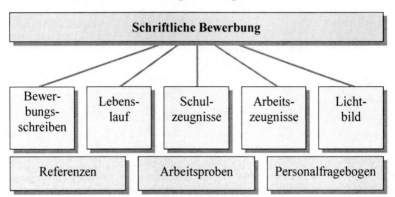

1.4.1.1 Bewerbungsschreiben

Im Bewerbungsschreiben geht der Bewerber individuell auf die Stellenanzeige des Unternehmens ein, stellt sich kurz vor, gibt Gründe für seine Bewerbung und die Wahl des Unternehmens an und erteilt Auskunft über die in der Anzeige geforderten Aspekte, z.B. frühester Eintrittstermin und Einkommenswünsche[1]. Es dient dazu, Aufmerksamkeit für den Hauptteil zu wecken und die wichtigsten Themen der Bewerbung darzustellen. Zudem ist das Anschreiben dafür gedacht, eine positive Grundhaltung zu erzeugen[2].

Das Bewerbungsschreiben kann unter formalen, stilistischen und inhaltlichen Kriterien analysiert werden. Bei der Besetzung von Stellen mit einem hohen Anteil schriftlich kommunikativer Aufgaben stellt das Bewerbungsschreiben eine Arbeitsprobe dar. Bewerbungsschreiben sollen konkret auf die Stellenan-

---

[1] Vgl. Becker 2009, S. 446.
[2] Vgl. Reinders 2008, S. 79.

1 Einführung

zeige hin formuliert werden. Dabei sollte jedoch der Wortlaut der Stellenanzeige nicht kopiert werden[1].

Aus einem Bewerbungsschreiben können aus betrieblicher Sicht Rückschlüsse auf verschiedene Fragen gezogen werden[2]:

- Kann der Bewerber sich schriftlich ausdrücken?
- Zeigt er persönlichen Einsatz und Initiative?
- Kann er mit Informationen überzeugen?
- Wie hat er seine biographischen Daten und beruflichen Informationen ausgewertet und strukturiert?
- Liegt eine realistische Selbsteinschätzung in Bezug auf die geforderten Anforderungen vor?
- Kann der Bewerber mit wenigen Worten die wichtigsten Informationen darstellen? Kommt er auf den Punkt?
- Weshalb möchte er bei uns arbeiten? Welche Motivation liegt vor?
- Wird die Motivation überzeugend dargestellt?
- Welche Offenheit zeigt der Bewerber in Bezug auf kritische Punkte in seiner Bewerbung?
- Welche Informationen gibt er in Bezug auf sein momentanes Arbeitsverhältnis, auf das mögliche Eintrittsdatum und auf seine Gehaltsvorstellung?

So kann ein beträchtlicher Teil der Eignung eines Bewerbers für eine bestimmte Stelle aus dem Bewerbungsschreiben entnommen werden. Dazu gehören grundsätzlich auch seine Fähigkeit bzw. seine Bereitschaft, auf Anforderungen, die in einer Stellenanzeige oder sonstigen Ausschreibung an ihn gestellt werden, genau einzugehen[3]. In der einschlägigen Literatur wird bezüglich des Umfanges des Anschreibens überwiegend empfohlen, eine DIN-A4-Seite nicht zu überschreiten, weil sonst Weitschweifigkeit und ein Mangel an analytischem Denkvermögen unterstellt werden kann[4]. Dabei werden Standardschreiben als negativ bewertet, da sie Desinteresse oder Bequemlichkeit signalisieren. Ausgedehnte Einleitungen lassen die Vermutung aufkom-

---

[1] Vgl. Becker 2009, S. 446.
[2] Vgl. Weber 2007, S. 95.
[3] Vgl. Jung 2011, S. 158.
[4] Vgl. Krüger 2002, S. 201.

men, der Bewerber sei nicht in der Lage, Wesentliches von Unwesentlichem zu trennen[1].

1.4.1.2 Lebenslauf

Der Lebenslauf enthält neben Angaben zum Namen, Wohnort und Straße auch Angaben zum Geburtsort und -datum, Familienstand, schulische und berufliche Ausbildung, Prüfungen, berufliche Tätigkeiten und Fähigkeiten sowie zur Weiterbildung[2]. Der Lebenslauf erlaubt einen Gesamtüberblick über den bisherigen persönlichen und beruflichen Werdegang eines Bewerbers. Außerdem sind Spezialkenntnisse ersichtlich[3]. Zudem bietet er Hilfestellung dafür, die anderen Bewerbungsdokumente in ein Gesamtbild einzuordnen.

Der Lebenslauf ist im Allgemeinen in einer Bewerbungsmappe die zentrale Bewerbungsunterlage mit dem größten Informationsgehalt. Er erlaubt Rückschlüsse und Antworten auf eine Vielzahl von Fragen und Inhalten:[4]

- Über welche Sonderfähigkeiten und Kenntnisse verfügt der Bewerber, die zur Erfüllung des Anforderungsprofils nicht notwendig erforderlich sind, ihn aber für Sie interessanter machen (z.B. Sprachkenntnisse, Allgemeinbildung, Kreativität etc.)?
- Zeigt der Bewerber Ausdauer und Zielstrebigkeit?
- Ist er lernbereit und -fähig?
- Wird er sich in der Branche adäquat bewegen und wohl fühlen?
- Entspricht die ausgeschriebene Stelle einem beruflichen Aufstieg oder einem Abstieg? Wird die Stelle ihn eher über- oder unterfordern?
- Entsprechen die beruflichen Entwicklungen und die Wechsel dem Lebensalter?
- Wie viel Eigeninitiative zeigt der Bewerber (z.B. Selbstfinanzierung des Studiums oder der Weiterbildung)?
- Übernimmt er Verantwortung für sich und andere?
- Geht er mit Unvorhergesehenem und Schicksalsschlägen konstruktiv um?

---

[1] Vgl. Becker 2009, S. 446.
[2] Vgl. Jung, 2011, S. 159.
[3] Vgl. Scherm/Süß 2010, S. 51.
[4] Vgl. Weber 2007, S. 96.

1 Einführung

Der Lebenslauf sollte nicht nur inhaltlich gut strukturiert sein und die wesentlichen Informationen enthalten, sondern auch grafisch ansprechen sowie eine leichte Lektüre ermöglichen[1].

Abb. 9: Untersuchungsmerkmale eines Lebenslaufes[2]

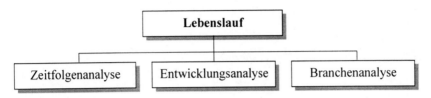

Als optimale Länge werden für den Lebenslauf in der Literatur häufiger zwei DIN-A4-Seiten angegeben[3]. Dies hängt im Einzelfall aber von der individuellen Berufsbiographie ab. So ist zu berücksichtigen, dass bei Berufsanfängern meistens eine DIN-A-4-Seite ausreicht, wohingegen qualifizierte Fach- und Führungskräfte oftmals zwei bis drei DIN-A4-Seiten zur Darstellung des Lebenslaufs benötigen.

Im Rahmen der **Zeitfolgenanalyse** wird neben der Lückenlosigkeit geprüft, wie oft ein Bewerber seine Stelle gewechselt hat. Mehrfache kurzzeitige Arbeitsplatzwechsel, vor allem mit zunehmendem Alter des Bewerbers, werden grundsätzlich eher negativ bewertet[4]. Dabei ist aber zu beachten, dass ein häufiger Wechsel in bestimmten Berufen und Branchen, z.B. als Jungkoch, durchaus gewollt sein kann.

Im Rahmen der Zeitfolgenanalyse werden im Einzelnen untersucht[5]:

- Die Dauer der schulischen Ausbildung (Regelstudienzeiten, Ausbildungsordnungen).
- Das Alter bei Abschluss.
- Die Dauer der Tätigkeit bei einzelnen Arbeitgebern.

---

[1] Vgl. Reinders 2008, S. 109.
[2] Vgl. Albert 2008, S. 93; Krüger 2002, S. 204-206.
[3] Vgl. Krüger 2002, S. 206.
[4] Vgl. Jung 2011, S. 159.
[5] Vgl. Krüger 2002, S. 205.

- Die Dauer der beruflichen Tätigkeiten in den einzelnen Funktionen.

Die **Entwicklungsanalyse** (Positionsanalyse) beschäftigt sich mit dem Werdegang eines Bewerbers. Sind dort Konsistenzen in Form von schlüssigen Arbeitgeberwechseln in Verbindung mit beruflichen Aufstiegen zu erkennen oder stellen sich im Gegenteil berufliche Abstiege und ungewollte Arbeitsplatzverluste heraus?

Folgende Fragen sollte eine Entwicklungsanalyse beantworten[1]:

- Ist ein roter Faden in der Entwicklung erkennbar?
- Gibt es Brüche in der Entwicklung?
- Ist in der Entwicklung auch die Übernahme von Verantwortung erkennbar?
- Ist ein zusammenhängender Erfahrungszuwachs erkennbar?

Die **Branchenanalyse** beschäftigt sich mit der Fragestellung, ob ein Bewerber „Branchenwissen" mitbringt oder davon auszugehen ist, dass er sich völlig neu in die Thematik einarbeiten muss (z.B ein Einkäufer im Stahlhandel, der sich nun als Einkäufer im Textilhandel bewirbt).

1.4.1.3 Schulzeugnisse

Die **Schulzeugnisse** geben vor allem bei Berufsanfängern Aufschluss über Leistungsschwerpunkte und -schwächen und über die schulischen Neigungen (Wahlfächer, Leistungskurse). Wegen unterschiedlicher Bewertungsmaßstäbe zwischen einzelnen Lehrern, Schulen und wohl auch Bundesländern – wie die PISA-Ergebnisse nahe legen – ist die Vergleichbarkeit von Schulnoten allerdings sehr problematisch. Ihre Aussagekraft bezüglich der zukünftigen beruflichen Leistung ist gering.

Dennoch können durch eine Feinanalyse aus Schulzeugnissen wichtige Erkenntnisse gewonnen werden[2].

- Sind durchgängige Lernschwächen erkennbar?
- Sind Neigungen zu erkennen?
- Welche Fächer weisen gute, welche Fächer weisen schlechte Noten auf?

---

[1] Vgl. ebd, S. 206.
[2] Vgl. Krüger 2002, S. 208.

- Lassen sich Schlussfolgerung daraus ableiten?
- Welches Niveau hat die Bildungseinrichtung?
- Welche Fremdsprachen wurden belegt und welche Notentendenz existiert?
- Gibt es Auffälligkeiten im Bereich der ‚Kopfnoten'?

Auch für Schulzeugnisse gilt, dass sie nicht als alleinige Informationsquelle für die Personalauswahl taugen. Sie können aber im Verbund mit anderen Informationsquellen das Bild des Bewerbers abrunden.

1.4.1.4 Arbeitszeugnisse

Bei berufserfahrenen Bewerbern sind die **Arbeitszeugnisse** zumeist aussagekräftiger als andere Bewerbungsunterlagen. Sie enthalten biographische Daten und Beurteilungen, die unmittelbar die berufliche Leistung des Bewerbers in der Vergangenheit wiederspiegeln. Es lassen sich einfache und qualifizierte Arbeitszeugnisse unterscheiden.

Einfache Arbeitszeugnisse bescheinigen lediglich Art und Dauer der Tätigkeit.

Qualifizierte Arbeitszeugnisse bescheinigen nicht nur Art und Dauer der Tätigkeit, sondern auch erbrachte Leistungen sowie evtl. die Führungskompetenz. Sie beinhalten vor allem auch eine Beurteilung.

Der Aufbau eines qualifizierten Arbeitszeugnisses entspricht im Allgemeinen folgender Gliederung:

Abb. 10: Aufbau eines qualifizierten Arbeitszeugnisses[1]

- **Überschrift**
- **Einleitung**
- **Positions-/Aufgaben-/Tätigkeitsbeschreibung**
- **Beurteilung der Leistung und des Erfolges**
- **Zusammenfassende Beurteilung**
- **Beurteilung des Sozialverhaltens**
- **Beendigungsgrund**
- **Schlusssatz**
- **Ausstellungsdatum und Unterschriften**

---

[1] Vgl. Krüger 2002, S. 211/212; Püttjer/Schnierda 2010, S. 28/29.

Arbeitszeugnisse können unter den Gesichtspunkten der **Inhalts- und der Positionsanalyse** interpretiert werden.

Abb. 11: Analyse von Arbeitszeugnissen

Inhaltsanalyse	Positionsanalyse
Analysetatbestand ist der Arbeitsinhalt mit den dazugehörigen Fertigkeiten, Fähigkeiten und Kompetenzen	Untersuchungstatbestand ist die Veränderung der Hierarchieebene

Bei der Formulierung eines Zeugnisses ist dem Grundsatz der Zeugniswahrheit zu folgen, der besagt, dass ein Zeugnis keine Formulierungen enthalten darf, die das wahrheitsgemäße Gesamtbild des Arbeitnehmers wesentlich verändern. Gleichwohl besteht eine Verpflichtung zu wohlwollender Formulierung.[1] Besondere Probleme bereiten außerdem die unterschiedliche Ausführlichkeit der Zeugnisse als auch der uneinheitlichen Konvention bei der Formulierung. Aufgrund dessen ist die Analyse und Interpretation der meist verklausulierten Zeugnisformulierungen sehr schwierig und stellt deshalb eine potentielle Fehlerquelle dar.

Nicht nur verklausulierte Formulierungen machen die Interpretation der Arbeitszeugnisse äußerst schwierig, sondern auch die Tatsache, dass oftmals zusätzlich geheime Botschaften innerhalb der Zeugnisse enthalten sind.

So können diese durch

- aktive oder passive Formulierungen,
- die Reihenfolge der Aussagen,
- und das Fehlen wichtiger und die Betonung unwichtiger Aussagen

eingearbeitet worden sein.

Aktive Formulierungen wie z.B. „Herr Müller arbeitete äußerst Gewissenhaft..." legen den Schluss nahe, dass der Bewerber in seinem Handeln auch ein aktiver Mitarbeiter war. Passive Formulierungen hingegen suggerieren z.B. geringe Selbstständigkeit und Engagement.

---

[1] Vgl. Streibl 2000, S. 18 ff; ausführliche Darstellung der rechtlichen Aspekte in Huesmann 2008, S. 40 ff.

1 Einführung

Die Reihenfolge der Aussagen kann ebenso eine entscheidende Rolle spielen. Werden zuerst unwichtige Aussagen getroffen oder kommt es zu einer Vermischung von Aufgabenbeschreibung und Leistungsbeurteilung, kann dies ein Hinweis auf ein mangelndes Arbeitsverhalten sein. Ebenso kann bei einer vordergründigen Beschreibung des Sozialverhaltens der Schluss gezogen werden, dass die Zusammenarbeit mit dem Vorgesetzten nicht zur beiderseitigen Zufriedenheit verlief[1].

Abb. 12: Gebräuchliche Formulierungen für das Gesamturteil in Arbeitszeugnissen[2]

sehr gut:	- stets und zu unserer vollsten Zufriedenheit - in jeder Hinsicht und außerordentlich zufriedenstellend - in jeder Hinsicht und in allerbester Weise
gut:	- stets und zu unserer vollen Zufriedenheit - voll und ganz zufriedenstellend - in jeder Hinsicht und in bester Weise
befriedigend:	- zu unserer vollen Zufriedenheit - stets zufriedenstellend - in jeder Hinsicht
ausreichend:	- zu unserer Zufriedenheit
mangelhaft:	- im großen und ganzen zufriedenstellend - im großen und ganzen den Erwartungen entsprochen

Nicht zuletzt können durch das Fehlen wichtiger Aussagen und die Betonung unwichtiger Aussagen Botschaften vermittelt werden. Wird dem Mitarbeiter z.B. zum Ende des Arbeitszeugnisses persönlich und beruflich alles Gute gewünscht oder bedauert das Unternehmen die Kündigung des Mitarbeiters, dann ist dies eine positive Aussage. Fehlen derartige Aussagen jedoch, dann kann daraus geschlossen werden, dass man den Weggang nicht bedauert und dem Ausscheidenden ggf. auch nichts Gutes wünscht.

---

[1] Vgl. Weber 2007, S. 103.
[2] Vgl. Grawert 1992, S. 740/741; s.a. die Zusammenstellung in Huesmann 2008 nach verschiedenen Gerichtsurteilen.

Gerade in solchen „versteckten" Botschaften können ganz entscheidende Hinweise zum potentiellen Mitarbeiter liegen.

Bei der Analyse der Arbeitszeugnisse ist aber zu bedenken, dass es manche Arbeitgeber gibt (vor allem Kleinbetriebe), die diese „Zeugnissprache" nicht im Detail kennen und daher teilweise ungewollte Botschaften und Klauseln niederschreiben, die von der Intention her nicht beabsichtigt waren. Es ist daher bei der Analyse und Interpretation von Arbeitszeugnissen immer größte Sorgfalt, ggf. auch eine gewisse Skepsis und Zurückhaltung angezeigt.

Eine zusammenfassende Darstellung möglicher Fehlerquellen im Zusammenhang mit Arbeitszeugnissen gibt die nachfolgende Übersicht.

Abb. 13: Ausstellerfehler und Verwenderfehler bei Arbeitszeugnissen[1]

Ausstellerfehler			
Beobachtungsfehler	Beurteilungsfehler	Bewusste Fehler	Formulierungsfehler
Verwenderfehler			
Sorgfaltsfehler	Analysefehler		Bewertungsfehler

1.4.1.5 Lichtbild

Das **Lichtbild** vermittelt einen ersten Eindruck vom äußeren Erscheinungsbild eines Bewerbers, das für bestimmte Positionen (z.B. Verkaufspersonal) zu den Eignungskriterien zählen kann. Eine Überbewertung des Lichtbildes kann jedoch zu einer unberechtigten Zuschreibung von Eigenschaften führen (Halo-Effekt).[2] Da die Gefahr bei fotogenen Bewerbern groß ist, aufgrund des positiven optischen Eindrucks als besonders geeignet für eine Stelle zu erscheinen, sollte durch eine Beteiligung mehrerer Personen bei der Personalvorauswahl derartigen subjektiven Vorurteilen entgegen gewirkt werden. Grundsätzlich sollten Bewerbungsfotos aber keinesfalls einen hohen Stellenwert innerhalb der Auswahlentscheidung genießen, da sie oftmals täuschen, in

---

[1] Vgl. Weuster 2008, S. 161.
[2] Vgl. ebd., S. 104 ff.

Zeiten der elektronischen Bildbearbeitung gar ein gänzlich verfälschtes Bild abgeben können. In Abhängigkeit von der Situation, dem Ort und dem Anliegen erscheinen Menschen gelegentlich auf dem Bewerbungsfoto noch freundlich und intelligent, im Vorstellungsgespräch bietet sich dann nicht selten ein ganz anderes Bild. Auch der umgekehrte Fall kommt vor. Bewerbungsfotos können auch zum Nachteil von Bewerbern wirken und schlimmstenfalls sogar Diskriminierung fördern. Aufgrund der Vorgaben des Allgemeinen Gleichbehandlungs-Gesetztes (AGG) ist es heute allerdings strittig, ob und wann Unternehmen ein Bewerbungsfoto verlangen dürfen. In der Praxis gehört ein Bewerbungsfoto im Allgemeinen nach wie vor zu einer kompletten Bewerbungsmappe dazu. Teilweise verzichten Arbeitgeber aber auch darauf.

1.4.1.6 Sonstige Bewerbungsunterlagen

(1) Bei Führungs- und besonderen Vertrauenspositionen (z.B. Buchhalter) kann das Eignungsbild durch **Referenzen** abgerundet werden, deren Beurteilung vor allem auf der Einschätzung der Vertrauenswürdigkeit und Sachkenntnis des Referenzgebers basiert. Referenzen werden in verschiedener Form erbracht: als freie schriftliche Beschreibung (z.B. Empfehlungsschreiben), in Form eines Fragebogens, als telefonische Referenzeinholung oder im persönliches Gespräch sowie als polizeiliches Führungszeugnis.[1] Referenzen werden aber teilweise als ineffektiv betrachtet, da der Bewerber in der Regel nur solche Referenzpersonen angibt, die grundsätzlich positive Informationen abgeben[2]. So werden sogar Referenzen von Person des öffentlichen Lebens eher abgelehnt, da sie meist aus Gefälligkeit gegeben werden. Sie können schlimmstenfalls negative Auswirkungen auf die Bewerbung haben.

(2) Die Nutzung von **Arbeitsproben** zur Beurteilung von Bewerbern ist vor allem in bestimmten Berufsgruppen und Branchen üblich. Sie sollen einen Eindruck von der Qualifikation des Bewerbers vermitteln. Arbeitsproben können in verschiedener Form geleistet werden: als fertige Arbeit, die eingereicht wird, als unter Aufsicht anzufertigende Arbeit oder als Probearbeit über einen bestimmten Zeitraum.[3] So werden beispielsweise im Journalismus zur Eignungsfeststellung üblicherweise bisherige Veröffentlichungen als Arbeitsproben eingereicht, ebenso Zeichnungen, Entwürfe etc. in kreativen Berufen.

---

[1] Vgl. Weuster 2008, S. 405/406.
[2] Vgl. Becker 2009, S. 453.
[3] Vgl. Albert 2008, S. 95.

Unter Aufsicht zu erstellende Arbeitsproben sind vor allem bei Ausbildungsplatzbewerbern eine gängige Methode zur Eignungsfeststellung. So lässt man Ausbildungsplatzbewerber im kaufmännischen Bereich z.b. eine Aktennotiz an die Geschäftsführung verfassen, welche die schriftliche Kommunikationsfähigkeit prüft oder, im gewerblichen Bereich, z.b. eine Drahtbiegeprobe anfertigen, mit der sie ihr manuelles Geschick unter Beweis stellen sollen.

Auch die kurzzeitige probeweise Beschäftigung für einige Stunden oder Tage oder in Form eines Praktikums ist bei der Nachwuchsgewinnung verbreitet.

(3) Zur Verwaltungsvereinfachung werden heute von den meisten größeren Unternehmungen und Verwaltungen **Personalfragebogen** verwendet, die vom Bewerber ausgefüllt werden und alle wichtigen Daten in einheitlicher und übersichtlicher Form zusammenfassen. Da man damit die gleichen Informationen über alle Bewerber erhebt, wird ein nahezu direkter Vergleich möglich[1]. Bei der Erstellung eines Personalfragebogens ist zu beachten, dass der Betriebsrat hinsichtlich des Inhalts ein Mitbestimmungsrecht hat. Damit soll die zusätzlich rechtlich geschützte Privatsphäre gewahrt und möglichen indiskreten Fragen vorgebeugt werden[2].

Die Inhalte des Personalfragebogens beziehen sich in der Regel auf:[3]

- Angaben zur Person,
- Ausbildung (Schulbildung, Berufsausbildung, Fortbildung),
- berufliche Tätigkeit (Arbeitgeber, Dauer, Position),
- besondere Kenntnisse und Erfahrungen (Sprachen, Ausbildereignungsprüfung,...),
- wichtige andere Angaben (z.B. Gehaltswunsch, Eintrittstermin).

1.4.2 Vorstellungsgespräch

Nach einer ersten Vorauswahl aufgrund der schriftlichen Bewerbungsunterlagen werden zur weiteren Einengung des Bewerberkreises im Allgemeinen **Vorstellungsgespräche** geführt.

---

[1] Vgl. Scherm/Süß 2010, S. 52.
[2] Vgl. Jung 2011, S. 161; König 2003, S. 70 ff.
[3] Vgl. Albert 2008, S. 77.

1 Einführung

„Das Vorstellungsgespräch, Bewerbungsgespräch, Auswahlgespräch, Einstellungsgespräch oder Interview ist neben der Auswertung der Bewerbungsunterlagen das häufigste und wohl auch bedeutendste Instrument der Personalauswahl ... weltweit. Seine universelle Verbreitung und seine Popularität sind ungebrochen."[1]

Vorstellungsgespräche dienen in der Praxis u.a. dazu, Informationslücken, welche die eingegangenen Bewerbungsunterlagen offen lassen, zu schließen und somit eine breitere Informationsbasis über den Bewerber zu erhalten. Es sollen auch Informationen gewonnen werden, die aus den schriftlichen Unterlagen nicht oder nicht hinreichend genau zu erkennen sind. Das sind vor allem:

- der persönliche Eindruck vom Bewerber,
- das Eignungspotential des Bewerbers,
- die Interessen und Wünsche des Bewerbers,
- die Verhaltensweisen und Einstellungen des Bewerbers.

Neben der eigenen Informationsgewinnung bietet das Vorstellungsgespräch auch die Möglichkeit, Erwartungen und Wünsche des Bewerbers zu klären und seinerseits relevante Informationen dem Bewerber zu überlassen. Unter diesem Gesichtspunkt kann das Vorstellungsgespräch auch als eine **zweiseitige Vorstellung** gesehen werden. Damit ist gemeint, dass nicht nur das Unternehmen die gewünschten Informationen vom Bewerber erhält, sondern im Gegenzug auch der Bewerber seine Informationen zur eigenen Entscheidungsfindung bekommt. Nicht nur bei Berufsanfängern, Führungskräften oder gesuchten Fachkräften, sondern generell ist zu berücksichtigen, dass Bewerber nicht nur das Objekt betrieblicher Entscheidungen, sondern im Gegenteil, selbst handelnde Subjekte und Entscheidungsträger sind, die ihre Arbeitgeberwahl auch von dem Verlauf und den Eindrücken des Vorstellungsgespräches abhängig machen. Hier gilt es für das Unternehmen, ein attraktives Bild nach „außen" hin abzugeben[2]. Auch ein Vorstellungsgespräch ist eine „Visitenkarte" des Unternehmens, das zur Ausbildung eines bestimmten Arbeitgeber-Images beiträgt[3]. Aus diesem Grund sollte von Unternehmensseite her unbedingt auf Image förderliche Rahmenbedingungen geachtet werden. So

---

[1] Weuster 2008, S. 169; vgl. auch Schuler 2000, S. 20.
[2] Mosters 2007, S. 49.
[3] Dincher 2007a, S. 2 ff.

sollte z.B. dafür Sorge getragen werden, dass die Bewerber eine Anfahrtsskizze erhalten, ansprechend gestaltete Räumlichkeiten für die Gesprächsführung zur Verfügung stehen, genügend Getränke bereit gestellt werden, ausreichend Zeit eingeplant wird etc. Dies alles kann zu einem positiven Eindruck der Bewerber von der Unternehmung beitragen und ihre Bereitschaft fördern, ein ggf. unterbreitetes Arbeitsangebot anzunehmen.

Es ist deshalb für das Gelingen von Vorstellungsgesprächen wichtig, dass sie gründlich vorbereitet werden.

Abb. 14: Voraussetzungen/Vorbereitung des Vorstellungsgespräches[1]

1. Vorhandensein einer detaillierten Stellenbeschreibung und eines Anforderungsprofils. Klärung der Vertragskonditionen und Entwicklungsmöglichkeiten der Stelle.
2. Genaue Analyse und kritische Beurteilung der vorher zu beschaffenden Bewerbungsunterlagen. Feststellung von Lücken und Unklarheiten in den Unterlagen.
3. Entscheidung über Form und Art der Auswahlgespräche.
4. Die Organisation der äußeren Bedingungen für eine ungestörte Gesprächsführung.
5. Das Festlegen der Gesprächsteilnehmer und deren Rollenverteilung im Gespräch.
6. Der Aufbau eines Fragenkataloges für die Informationssammlung.
7. Die administrative Organisation des Ablaufs, wie Empfang, Bewirtung, Kostenerstattung.

Die ersten beiden Punkte der Vorbereitung betreffen die zuvor behandelten Inhalte, also die Anforderungsanalyse[2] und die Vorauswahl nach den schriftlichen Unterlagen.

---

[1] Bearbeitet und ergänzt nach Knebel/Westermann 2003, S. 15.
[2] S. dazu Dincher 2007a, S. 15 ff.

In welcher Form die Gespräche geführt werden, ist eine Grundsatzentscheidung, die von den Möglichkeiten des Betriebes geprägt wird.

Folgende Formen von Vorstellungsgesprächen werden unterschieden:

Abb. 15: Formen von Vorstellungsgesprächen

♦ frei ♦ strukturiert ♦ standardisiert	♦ Einzelbeurteiler ♦ Auswahl- kommission	♦ Einzelgespräche ♦ Gruppengespräche

Standardisierte und strukturierte Vorstellungsgespräche weisen eine höhere Validität auf als frei geführte Vorstellungsgespräche.

Als **frei** bezeichnet man jene Vorstellungsgespräche, deren Ablauf und Inhalt nicht bzw. nicht detailliert geplant wurden. Den Vorteil der flexiblen Gesprächsführung erkauft man sich dann mit den bereits beschriebenen Gefahren der Wahrnehmungsverzerrung und der geringeren Vergleichbarkeit der Bewerber untereinander.

Standardisierte Vorstellungsgespräche weisen den höchsten Vorbereitungsaufwand auf. Allen Bewerbern werden die gleichen vorbereiteten Fragen in einer zuvor festgelegten Reihenfolge gestellt. Dies führt zu einer sehr hohen Vergleichbarkeit der Antworten und damit auch der potentiellen Bewerber untereinander, die Vorgehensweise ist aber sehr schematisch und lässt keine Möglichkeit, situativ auf die Gesprächsentwicklung zu reagieren.

Strukturierte Vorstellungsgespräche werden daher in der Praxis bevorzugt. Sie beinhalten zwar einen Fragen- bzw. Themenkatalog, der zu besprechen ist, aber Ablauf und Inhalt des Vorstellungsgespräches werden nur grob geplant. Durch die Vorgabe einer Struktur wird sicher gestellt, dass nicht wichtige Aspekte im Gespräch vergessen werden, ohne dass man damit zu sehr an der situativen Gestaltung des Gesprächsablaufes behindert ist.

Ein typischer **strukturierter** Ablauf könnte sich in folgende Phasen und Themenblöcke gliedern:[1]

---

[1] Vgl. Jung 2011, S. 170/171; Stelzer-Rothe 2002, S. 243/244.

- Begrüßung, gegenseitige Vorstellung
- Persönliche und private Situation des Bewerbers
- Bildungslaufbahn
- berufliche Entwicklung
- Unternehmen und Arbeitsplatz
- Vertragskonditionen
- Abschluss

Eine besondere Form eines strukturierten Auswahlgespräches ist das **multimodale Interview**. Gegenüber dem oben dargestellten Ablauf kommen hier insbesondere freie Gesprächsanteile, situative und biographische Fragen hinzu. In empirischen Studien konnte für das multimodale und andere strukturierte Interviews eine gute Prognosevalidität nachgewiesen werden.[1]

In der betrieblichen Praxis kommen alle genannten Formen der Gesprächsführung vor. Prinzipiell ist zu erwarten, dass die Standardisierung der Gesprächsführung mit der Größe der Betriebe, aber auch mit dem Professionalisierungsgrad des Personalwesens korreliert.

Die Fragen, die zu den einzelnen Themenkomplexen gestellt werden, sind vielfältig und variieren ganz nach den jeweiligen betrieblichen, beruflichen, regionalen etc. Gegebenheiten. Beispielhaft werden im Folgenden einige Fragen aufgelistet, die in Vorstellungsgesprächen häufiger thematisiert werden[2]:

- Was war Ihre letzte Stellung?
- An welchen Aufgaben waren Sie dabei besonders interessiert?
- Welche Weiterbildungsmaßnahmen haben Sie absolviert und welchen Stellenwert messen Sie einer kontinuierlichen Weiterbildung zu?
- Beschreiben Sie Ihre Stärken und Schwächen.
- Welchen Stellenwert hat Arbeit in Ihrem Leben?
- Welche Einstellungen sollten Vorgesetzte ihren Mitarbeitern gegenüber haben?
- Welche Ihrer früher erworbenen Fähigkeiten würden Sie an dieser Stelle besonders einsetzen?

---

[1] Vgl. Schuler 2000, S. 91; Weuster 2008, S. 255/256.
[2] Vgl. Oechsler 2011, S. 221; ausführlich s. Bröckermann 2009, S. 92-95.

- Was ist Ihr langfristiges berufliches Ziel?
- Was hält Ihr Partner von dieser Bewerbung?
- Wie gestalten Sie Ihre Freizeit?
- Was möchten Sie von uns wissen?

Trotz der großen Informationsbedürfnisse der Arbeitgeber im Rahmen der Personalauswahlverfahren (insbesondere in Vorstellungsgesprächen) dürfen nicht alle Fragen gestellt werden. Aufgrund gesetzlicher Regelungen – insbesondere des AGG[1] – und der Rechtsprechung haben sich in der Praxis klare Fragerechte herauskristallisiert, wie folgende Übersicht veranschaulicht.

Abb. 16: Fragerecht der Arbeitgeber[2]

Zulässige Fragen nach:	Nicht zulässige Fragen nach:
• Beruflichen Fähigkeiten und beruflichem Werdegang • Motiven für einen Arbeitsplatzwechsel • Zeiten der Nichtbeschäftigung • Wehr- und Zivildienst • Höhe der bisherigen Vergütung, wenn sie eine Aussagekraft (Qualifikation) für die neue Stelle besitzt • öffentlichen Ämtern und Ehrenämtern • Lohn- und Gehaltspfändungen (strittig) • Staatsangehörigkeit • Chronischen und ansteckenden Krankheiten, die für den Arbeitsplatz von Bedeutung sind, sowie Arbeitsunfähigkeit (geplante Operationen/Kuren) • Schwerbehinderung mit Blick auf die gesetzlichen Pflichten.	• Vorstrafen Ausnahme: wenn zwischen der Arbeitsstelle und der Vorstrafe ein konkreter Zusammenhang besteht • bevorstehender Heirat • dem Bestehen einer Schwangerschaft Ausnahme: Beschäftigungsverbote nach dem Mutterschutzgesetz • den Vermögensverhältnissen Ausnahme: bei Vertrauenspositionen • der Gewerkschafts-, Partei- und Konfessionszugehörigkeit Ausnahme: bei Tendenzbetrieben • Abstammung und Herkunft • dem allgemeinen Gesundheitszustand Ausnahme: Aids-Erkrankung, wenn Auswirkung auf die Leistungsfähigkeit zu befürchten ist. • nach Körperbehinderung Ausnahme: wenn Eignung für die Stelle beeinträchtigt ist.

---

[1] Zum AGG s. auch Kap. 1.6.
[2] Vgl. Oechsler 2011, S. 222.

1.4.3 Eignungstest[1]

Gelegentlich werden zur Unterstützung der Auswahlentscheidung **Eignungstests** durchgeführt. Es handelt sich zumeist um wissenschaftliche Routineverfahren zur Messung von Persönlichkeitsmerkmalen. Die größte Verbreitung haben Eignungstests bei der Auswahl von Ausbildungsplatzbewerbern und Berufsanfängern.

Man unterscheidet verschiedene Formen.

Abb. 17: Kategorisierung von Testverfahren[2]

Intelligenztests messen ein Bündel zusammengehöriger Fähigkeiten, die einzelnen Intelligenzfaktoren zugeordnet werden können, insbesondere[3]:

- Sprachgewandtheit,
- Denkvermögen,
- Rechengewandtheit,
- Raumvorstellung,
- Kombinationsfähigkeit.

In der Kategorie der Intelligenztests ist der IST (Intelligenzstrukturtest)[4] eines der meistgenutzten Verfahren. Dieser Test umfasst 9 Subtests, welche die einzelnen Dimensionen der Intelligenz gezielt abbilden.

---

[1] Die Fallstudie, deren Vorbereitung die hiesigen Ausführungen dienen, spielt in einem kleineren Betrieb, der die Personalauswahl anhand der schriftlichen Bewerbungsunterlagen und zweier Vorstellungsgespräche durchführt. Der Schwerpunkt der thematischen Einführung in diesem Band liegt daher auf diesen beiden Methoden. Die nachfolgend erörterten Auswahlmethoden werden deshalb nur kursorisch behandelt. Die Ausführungen dienen lediglich der Vermittlung eines Überblickes. Zur Vorbereitung der Bearbeitung der Fallstudie sind diese Kapitel nicht erforderlich.

[2] Vgl. Bröckermann 2009, S. 97; ausführliche Übersicht der Testverfahren in Becker 2009, S. 459/460.

[3] Vgl. Albert 2008, S. 81.

[4] Ursprünglich in den 1960er Jahren von Rudolf Amthauer entwickelt.

Abb. 18: Intelligenzstrukturtest (IST)[1]

Subtest	Spezielle Fähigkeit
Satzergänzung	Urteilsbildung
Wortauswahl	Erfassung von sprachlichen Bedeutungsgehalten
Analogien	Kombinationsfähigkeit
Gemeinsamkeiten	Sprachliche Abstraktionsfähigkeit
Merkaufgaben	Merkfähigkeit
Rechenaufgaben	praktisch-rechnerisches Denken
Zahlenreihen	theoretisch-rechnerisches Denken
Figurenauswahl	Vorstellungsfähigkeit
Würfelaufgaben	räumliches Vorstellen

Leistungstests lassen sich in allgemeine und spezielle Leistungstest einteilen. Allgemeine Leistungstests messen Verhaltensanteile, die in jeder Leistung enthalten sind.

Spezielle Leistungstest hingegen messen Verhaltensanteile, die nicht in jeder Leistung enthalten sind, sondern nur unter bestimmten Voraussetzungen abgerufen werden, wie z.B. organisatorische Fähigkeiten.

Voraussetzung für die praktische Einsetzbarkeit von Leistungstest ist der Vergleich der Leistung mit Normtabellen. Dabei werden die Testergebnisse nach einem vorgegebenen Klassifikationsschema beurteilt. Nur anhand solcher Vergleiche können schlüssige Folgerungen abgeleitet werden.

Persönlichkeitstests zielen vor allem auf Einstellungen, Neigungen, Interessen, Sozialverhalten etc. ab. Persönlichkeitstest kommen bei der Personalauswahl nur relativ selten zum Einsatz. Ihr Einsatz beschränkt sich weitgehend auf bestimmte Bereiche, z.B. sicherheitsempfindliche Tätigkeiten. Unter ethischen Gesichtspunkten ist die Verwendung von Persönlichkeitstests umstritten. Auch kann eine mangelnde Akzeptanz bei den Bewerbern gegen ihren Einsatz sprechen.

Generell sollte die Anwendung von Eignungstest nur durch geschultes Personal erfolgen. Vielfach empfiehlt sich für die Auswertung und Interpretation der Testergebnisse die Einschaltung von Psychologen.[2]

---

[1] Vgl. Oechsler 2011, S. 224.
[2] Vgl. Becker 2009, S. 460.

Neben den wissenschaftlich fundierten Testverfahren werden in der betrieblichen Praxis verbreitet auch **selbst entwickelte Testverfahren** eingesetzt, meistens in der Form von Leistungstests. Hierzu gehören beispielsweise Diktate zur Überprüfung der schriftlichen Leistung, Rechenaufgaben zur Feststellung der Rechenfähigkeiten etc. Solche Tests werden im Hinblick auf bestimmte Zielsetzungen und die konkreten betrieblichen Anforderungen in den Betrieben eigenständig entwickelt und laufend angepasst. Sie haben in der Praxis, auch bei den kleineren und mittleren Betrieben, eine weite Verbreitung (vgl. Kap. 1.4.8). Auch wenn ihnen eine wissenschaftliche Grundlage oft fehlt, darf ihre Bedeutung nicht unterschätzt werden. In vielen Fällen geben sie den Betrieben eine wertvolle zusätzliche, auf die konkrete betriebliche Situation ausgerichtete Entscheidungshilfe.

1.4.4 Assessment Center

Die Idee der Assessment Center (AC) wurde bereits um 1915 in Deutschland von J. B. Rieffert zur Identifikation von Offiziersanwärtern mit Hilfe führerloser Gruppendiskussionen entwickelt[1]. Als besondere Auswahlmethode vor allem für Führungskräfte haben **Assessment Center** Verbreitung gefunden, bei denen Bewerber in kontrollierten tätigkeitsrelevanten Situationen beobachtet und beurteilt werden.

In einem Assessment Center werden mehrere Verfahren kombiniert.

Ein zentrales Merkmal eines Assessment Center Verfahrens besteht darin, dass mehrere Kandidaten gleichzeitig von mehreren Beurteilern (Führungskräfte oder Experten) beobachtet werden, wobei sie verschiedene, möglichst arbeitstypische Übungen und Beurteilungssituationen durchlaufen und auf der Grundlage zuvor festgelegter Beurteilungsregeln hinsichtlich ihres Leistungs- und Sozialverhaltens beurteilt werden[2].

Am häufigsten werden die „Postkorb-Übung" und die „führerlose Gruppendiskussion" angewendet. Die **Postkorb-Übung** schafft eine realistische Arbeitssituation in schriftlicher Form und prüft die Fähigkeit, Probleme zu lösen, Prioritäten zu setzen und mit einer Stresssituation fertig zu werden. Die **führerlose Gruppendiskussionen** erfordert die Teilnahme an einer Diskussionsgruppe mit einer begrenzten Zeitvorgabe; die Teilnehmer werden einge-

---

[1] Vgl. Drumm 2008, S. 110.
[2] Vgl. Scherm/Süß 2010, S. 57.

stuft im Hinblick darauf, ob sie ihre Ideen verkaufen können und wie stark ihre mündlichen Kommunikationsfähigkeiten, ihr Selbstvertrauen, ihre Durchsetzungsfähigkeit, Stresstoleranz, Aggressivität etc. sind.[1]

Abb. 19: Die wichtigsten in Assessment Center gebräuchlichen Einzelverfahren[2]

- Individuell auszuführende **Arbeitsproben und Aufgabensimulationen** (v.a. Organisations-, Planungs-, Entscheidungs-, Controlling- und Analyseaufgaben)
- **Gruppendiskussionen** mit und ohne Rollenvorgabe
- **Sonstige Gruppenaufgaben** mit Wettbewerbs- und/oder Kooperationscharakteristik
- **Vorträge und Präsentationen**
- **Rollenspiele** (z.B. Einstellungsinterviews, Verkaufsgespräch)
- **Interviews**
- **Selbstvorstellung**
- **Wirtschaftsspiele, Simulation** komplexer Entscheidungen
- **Fähigkeits- und Leistungstests**
- **Persönlichkeits- und Interessentests**
- **Biographische Fragebogen**

In verschiedenen Einzel- und Gruppenübungen, in denen betriebliche Situationen nachgestellt werden, stehen die Bewerber unter Beobachtung. Aufgrund dieser Beobachtungen werden sie im Hinblick auf ihre Eignung für die vorgesehene Tätigkeit beurteilt. Um eine Vergleichbarkeit der Beobachtungen zu gewährleisten, werden alle Bewerber mit gleichen Situationen konfrontiert. Durch den Einsatz geschulter Beobachter wird die intersubjektive Vergleichbarkeit der Beobachtungen verbessert. Subjektiven Einflüssen auf die Beurteilung der Bewerber wird weiterhin durch Rotationsverfahren entgegen gewirkt. Jeder Beobachter schaut in der Regel nur auf einen oder zwei Bewerber, bevor ein rotierender Wechsel stattfindet und der Beobachter sich einem anderen Bewerber widmet.

---

[1] Vgl. Weinert/Sarges 1992, S. 666.
[2] Vgl. Schuler 2000, S. 122.

Den Beobachtungs- und Bewertungsprozess eines Assessment Center zeigt die folgende Abbildung.

Abb. 20: Der Beobachtungs- und Bewertungsprozess[1]

1. Schritt:	Jeder Beobachter beobachtet einen oder mehrere Teilnehmer in Bezug auf die zuvor definierten Anforderungsmerkmale.
2. Schritt:	Das beobachtete Verhalten wird protokolliert, ohne es zu bewerten.
3. Schritt:	Das Verhalten wird den einzelnen Beobachtungsdimensionen zugeordnet.
4. Schritt:	Die Beobachter bewerten unabhängig voneinander die Ausprägung des Teilnehmerverhaltens auf den einzelnen Dimensionen einer Skala.
5. Schritt:	Die Beobachter einigen sich in der Beobachterkonferenz auf die Dimensionsausprägungen für jeden Teilnehmer.
6. Schritt:	Die Beobachter machen einen Entscheidungsvorschlag über Einstellung und/oder Förderungsempfehlung.

Die Qualität der Beobachtung und Beurteilung wird auch dadurch unterstützt, dass mit vorgegebenen - bzw. zuvor erarbeiteten - einheitlichen Beobachtungskategorien und entsprechenden Beobachtungsbogen gearbeitet wird.

Beispielhaft wird im folgendem ein Beobachtungsbogen für eine Gruppendiskussion dargestellt.

Abb. 21: Beobachtungsbogen für eine Gruppendiskussion[2]

1. Kontaktfähigkeit

- Verbindlichkeit, Freundlichkeit	9	8	7	6	5	4	3	2	1
- Anpassung, Flexibilität	9	8	7	6	5	4	3	2	1
- Aufgeschlossenen Haltung	9	8	7	6	5	4	3	2	1
- Aktivitäten	9	8	7	6	5	4	3	2	1
- Dynamik	9	8	7	6	5	4	3	2	1
- Selbstsicherheit	9	8	7	6	5	4	3	2	1
- Einsichtsvermögen	9	8	7	6	5	4	3	2	1

---

[1] Nach Kleinmann 2003, S. 46.
[2] Vgl. Stopp 2006, S. 103.

2. Sprache

-	Artikulation	9	8	7	6	5	4	3	2	1
-	Logik	9	8	7	6	5	4	3	2	1
-	Wortschatz	9	8	7	6	5	4	3	2	1
-	Verständlichkeit	9	8	7	6	5	4	3	2	1
-	Bildhafte Sprache	9	8	7	6	5	4	3	2	1
-	Leerformulierungen	9	8	7	6	5	4	3	2	1
-	Sprachtempo	9	8	7	6	5	4	3	2	1
-	Stimmmodulation	9	8	7	6	5	4	3	2	1
-	Sprechdenken	9	8	7	6	5	4	3	2	1

3. Gesprächsverhalten

-	Durchsetzungsvermögen	9	8	7	6	5	4	3	2	1
-	Kritikstabilität	9	8	7	6	5	4	3	2	1
-	Kritikvergabe	9	8	7	6	5	4	3	2	1
-	Themenbezug	9	8	7	6	5	4	3	2	1
-	Gruppenbezug	9	8	7	6	5	4	3	2	1
-	Zuhörfähigkeit	9	8	7	6	5	4	3	2	1
-	Strukturierungsfähigkeit	9	8	7	6	5	4	3	2	1
-	Konzentrationsfähigkeit	9	8	7	6	5	4	3	2	1
-	Stressstabilität	9	8	7	6	5	4	3	2	1

4. Gruppenverhalten

-	Gruppenintegration	9	8	7	6	5	4	3	2	1
-	Kooperation	9	8	7	6	5	4	3	2	1
-	Kommunikationsverhalten	9	8	7	6	5	4	3	2	1
-	Toleranz	9	8	7	6	5	4	3	2	1
-	Auftreten	9	8	7	6	5	4	3	2	1
-	Gruppensympathie	9	8	7	6	5	4	3	2	1
-	Rollenverhalten	9	8	7	6	5	4	3	2	1
-	Überzeugungskraft	9	8	7	6	5	4	3	2	1
-	Initiative	9	8	7	6	5	4	3	2	1

5. Einsatz der äußeren Wirkungsmittel/ Körpersprache

-	Offene Haltung	9	8	7	6	5	4	3	2	1
-	Gestik/Motorik	9	8	7	6	5	4	3	2	1
-	Mimik	9	8	7	6	5	4	3	2	1
-	Blickkontakt	9	8	7	6	5	4	3	2	1
-	Humor	9	8	7	6	5	4	3	2	1
-	Selbstsicheres Auftreten	9	8	7	6	5	4	3	2	1
-	Ausstrahlung/Gesamterscheinung	9	8	7	6	5	4	3	2	1

Der Beobachtungsbogen mit seinen über 40 Kategorien, die hier zu fünf Gruppen zusammengefasst sind, zeigt, welch differenzierte Beobachtung und Analyse ein AC zulässt. Bei sorgfältiger Planung und gewissenhafter Durchführung liefern derartige Verfahren sehr differenzierte Einblicke in die Verhaltensweisen und Fähigkeiten von Bewerbern. Der Beobachtungsbogen verdeutlicht aber auch, dass eine sachgemäße Anwendung, welche die Voraussetzung brauchbarer Ergebnisse ist, gut geschultes Personal erfordert. Dies ist sicherlich nicht überall zu erwarten, am ehesten noch bei größeren Unternehmen oder eben auch bei Personalberatern und -vermittlern und anderen Personaldienstleistern, die professionell mit Personalauswahl zu tun haben.

Die Assessment-Center-Methode ist nicht unumstritten. Es gibt auch kritische Stimmen. So bemängeln diese u.a., dass die Gefahr besteht:

- dass sich nur die Vielredner durchsetzen,
- dass der Lerneffekt der Teilnehmer gegenüber der Methode zunimmt,
- dass sehr hohe Kosten entstehen,
- dass nur eine Simulation vorherrscht,
- dass langfristige Aussagen schwierig sind, da die persönliche Entwicklung situativen Realitäten ausgesetzt ist[1].

Trotz aller Kritik, die gegen Assessment Center vorgebracht werden kann, wird ihre betriebliche Anwendung doch überwiegend befürwortet, wohl aber weniger im Zuge der Personaleinstellung als eher im internen Bereich für Aufgaben der Personalentwicklung[2].

1.4.5 Sonstige Auswahlverfahren

(1) Grafologische Gutachten
Ein graphologisches Gutachten basiert auf einem handschriftlich verfassten Text (Schriftprobe), mit dessen Hilfe z.B. Aussagen zu Leistungsmotivation, Persönlichkeit, Leistungsstörungen, Selbstwertgefühl etc. gemacht werden[3]. In der Regel wird eine unlinierte Seite beschrieben. Untersucht werden insbesondere die drei Grundmerkmale der Schrift: Bewegungs-, Raum- und Formmerkmale. So wird die Ausrichtung der Buchstaben ebenso untersucht wie die

---

[1] Vgl. Albert 2008, S. 105/106; ausführlich s. Drumm 2008, S. 114-116; Becker 2009, S. 467 ff.
[2] Vgl. Drumm 2008, S. 116.
[3] Vgl. Bröckermann 2009, S. 110.

1 Einführung

Größe der Buchstaben, der Schreibverlauf, die Schriftstärke, Verschnörkelungen etc.[1]

Die Analyse von Handschriften zur Diagnose von Charaktereigenschaften ist zwar umstritten, wird aber nach wie vor häufig angewandt, am ehesten im Bereich der Führungskräfterekrutierung[2]. Dabei ist zu beachten, dass für ein solches Gutachten die Einwilligung des Bewerbers erforderlich ist[3].

Die Validität grafologischer Gutachten ist gering[4]. Es sollte daher nur als ergänzende Information bei der Personalauswahl herangezogen werden.

(2) Ärztliche Begutachtung
Häufig endet das Auswahlverfahren mit einer ärztlichen Begutachtung, da es für ein Unternehmen auch wichtig sein kann, die körperliche Eignung des Bewerbers im Hinblick auf die zu besetzende Stelle zu kennen. Bei Jugendlichen unter 18 Jahren nach § 32 Abs. 1 JArbSchG[5] und für bestimmte Tätigkeiten (z.B. in der Lebensmittelbranche, Einstellungen in den öffentlichen Dienst) sind ärztliche Untersuchungen bzw. Atteste vorgeschrieben.

Die ärztliche Eignungsuntersuchung wird in der Regel vom Betriebsarzt durchgeführt. Dabei soll festgestellt werden, inwieweit ein Bewerber den physischen Anforderungen einer Tätigkeit gewachsen ist. Die Untersuchung erfolgt arbeitsplatz- bzw. anforderungsspezifisch[6], dem Arzt müssen daher die besonderen Anforderungen und Belastungen des Arbeitsplatzes bekannt sein.

(3) Biographischer Fragebogen
Ein besonderes Auswahlinstrument, dem der Gedanke zugrunde liegt, „aus dem biographischen Hintergrund einer Peson und aus ihrem eigenen Verhalten in der Vergangenheit ihr Verhalten in der Zukunft und damit ihren Berufserfolg vorauszusagen"[7], ist der **biographische Fragebogen**. Er erhebt Daten, die über die reinen Fakten des Lebenslaufes hinaus gehen, welche das berufliche und private Verhalten des Bewerbers in der Vergangenheit sowie

---

[1] Vgl. Jung 2011, S. 165/166.
[2] Vgl. Becker 2009, S. 449.
[3] Vgl. Weber 2007, S. 171.
[4] Vgl. Becker 2009, S. 451.
[5] Vgl. Jung 2011, S. 180.
[6] Vgl. Bröckermann 2009, S. 111.
[7] Schuler 2000, S. 95.

seine zukünftigen Ziele und Pläne widerspiegeln[1]. Biographische Daten werden „...definiert als Informationen zu soziodemographischen Merkmalen einer Person, zu lebensgeschichtlichen Ereignissen, zu deren Entstehungsbedingungen und Begleitumständen sowie deren subjektiver Bewertung."[2]

Zu seinen besonderen Vorzügen ist seine vergleichsweise gute Validität zu rechnen. Dies resultiert u.a. aus der Einheitlichkeit der angegeben Daten und damit der besseren Vergleichbarkeit der Bewerber untereinander. Nachteilig wirkt sich der hohe Zeit- und Kostenaufwand bei seiner Konstruktion und Anwendung aus. Die Verbreitung des biographischen Fragebogens in der betrieblichen Praxis ist daher vergleichsweise gering.[3]

1.4.6 Entscheidungsfindung

Die Bewerberauswahl kommt, betrachtet man sie in ihrem prozessualen Verlauf, schließlich durch den schrittweisen Einsatz der verschiedenen Auswahlmethoden in Form einer stufenweisen Einengung des Bewerberpotentials zustande.

Die folgende Abbildung zeigt den idealtypischen Ablauf der Personalauswahl. Die dargestellte Abfolge ist sicherlich in vielen Fällen sinnvoll, aber durchaus nicht zwingend. Vor allem in kleineren Betrieben wird häufig ein verkürztes Auswahlverfahren praktiziert.

---

[1] Vgl. Scherm/Süß 2010, S. 52.
[2] Bliesener 2007, S. 201.
[3] Vgl. ebd. S. 207.

Abb. 22: Ablaufschema der Personalauswahl[1]

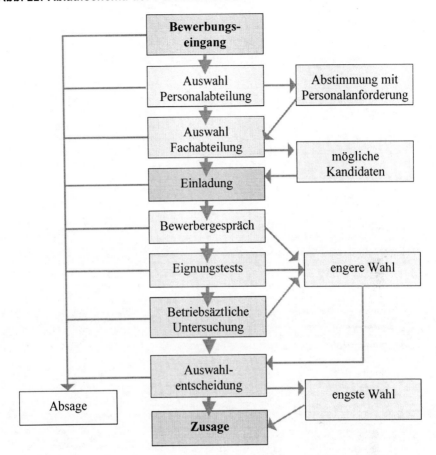

Die **Auswahlentscheidung** selbst wird im Allgemeinen nach dem Prinzip der Bestenauslese getroffen. Unter den Bewerbern der engeren Wahl, die grundsätzlich als geeignet erscheinen, wird der am besten geeignete Kandidat ausgewählt. Das setzt voraus, dass die Bewerber nach dem Grad ihrer Eignung miteinander verglichen werden. Dies kann mit Hilfe einer Entscheidungsmat-

---

[1] Bearbeitet nach Mag 1998, S. 94 (nach einer Empfehlung der DGFP von 1979).

rix geschehen, die nach dem Grundprinzip der Nutzwertanalyse aufgebaut und ausgewertet wird.

Abb. 23: Beispiel einer Entscheidungsmatrix zur Personalauswahl[1]

Merkmal	Gewichtung (%)	Bewerber A		Bewerber B		Bewerber C	
		Bewertung	Teilwert	Bewertung	Teilwert	Bewertung	Teilwert
Berufserfahrung	10	3	30	5	50	4	40
Selbständigkeit	15	2	30	4	60	4	60
Zuverlässigkeit	10	3	30	3	30	5	50
Verhandlungsgeschick	25	3	75	5	125	3	75
Teamfähigkeit	10	5	50	5	50	4	40
Einkauf	15	4	60	4	60	2	30
Warenkunde	5	5	25	1	5	4	20
Kalkulation	10	4	40	4	40	5	50
Gesamtwerte	100		340		420		365

Das Beispiel zeigt eine einfache **Entscheidungsmatrix,** mit deren Hilfe anhand einer Auswahl von Kriterien (Formalkriterien, Persönlichkeitsmerkmale, fachliche Merkmale) eine rationale Auswahlentscheidung getroffen werden kann. Die drei Kandidaten werden nach jedem Merkmal hinsichtlich ihrer Eignung auf einer fünfstufigen Skala eingestuft. Der Wert 1 bedeutet sehr geringe Eignung, der Wert 5 steht für eine sehr hohe Eignung bezüglich des jeweiligen Merkmals.

---

[1] Vgl. Dincher 2007, S. 129 ; ausführliche Darstellung der Nutzwertanalyse s. Dincher/Müller-Godeffroy/ Scharpf/Schuppan 2010, S. 74 ff.

Die Entscheidung in diesem Beispiel würde zugunsten von Bewerber B fallen, welcher die insgesamt höchste Eignung mitbringt. Die Entscheidungsmatrix gibt auch Anhaltspunkte für die Qualität des gefundenen Ergebnisses. Die Punktzahl des besten Bewerbers zeigt an, wie weit man sich der Idealvorstellung genähert hat oder von ihr entfernt ist.

Ohne die Anwendung einer Entscheidungsmatrix wäre es schwierig, den besten Kandidaten herauszufinden, da deren unterschiedliche Eignungsprofile sonst kaum vergleichbar wären. Die Anwendung der Entscheidungsmatrix kann daher die Entscheidungsqualität bei der Personalauswahl verbessern.

1.4.7 Bedeutung der Auswahlverfahren in der Praxis

Lässt man die Analyse der Bewerbungsunterlagen außer Betracht, ohne die sicherlich kaum ein Auswahlverfahren auskommt, so kommt einer repräsentativen Studie zufolge[1] in der Praxis von allen übrigen Auswahlverfahren dem Vorstellungsgespräch eine ganz herausragende Bedeutung zu. Alle weiteren Auswahlmethoden werden nur von einer Minderheit der Betriebe praktiziert. Die Befragungsergebnisse zeigen, dass die Auswahl von Personal in fast allen Fällen durch die Kombination aus der Analyse der schriftlichen Bewerbungsunterlagen und einem oder mehreren Vorstellungsgesprächen bewerkstelligt wird. Alle weiteren Methoden ergänzen dieses Repertoire, stehen aber selten im Mittelpunkt. Die Ergebnisse dieser Studie decken sich gut mit früheren Forschungsergebnissen[2].

---

[1] Vgl. Dincher 2000, S. 28 ff.
[2] Vgl. Schuler 2000, S. 20.

Abb. 24: Angewandte Auswahlmethoden der Betriebe bei der Einstellung von Personal und Auszubildenden (%)[1]

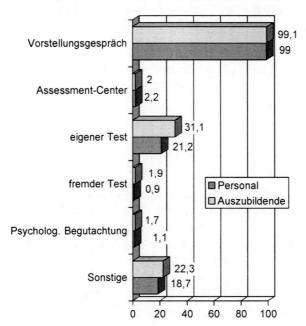

Tests, Assessment Center etc. sind weitgehend eine Domäne der Großbetriebe. Die große Zahl der Klein- und Mittelbetriebe hat hierfür im Allgemeinen nicht die erforderliche Kapazität. Die Befragung zeigt, dass diese Auswahlmethoden für die Klein- und Mittelbetriebe praktisch keine Bedeutung haben. Wenn überhaupt Tests dort angewendet werden, dann fast ausschließlich in der Form selbst erstellter Testverfahren.

---

[1] Vgl. Dincher 2000, S. 29.

Abb. 25: Auswahlmethoden nach Betriebsgrößenklassen (%)

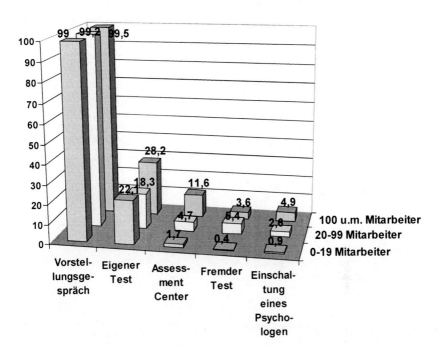

1.5 Personalbindung

Hinter dem Begriff ‚Personalbindung' verbirgt sich zunächst der Abschluss des **Arbeitsvertrages**, im Weiteren gehören alle Maßnahmen zur Festigung des Arbeitsverhältnisses dazu. „Personalbindung ist eine Daueraufgabe, die darauf abzielt, die in einem mühevollen, zeit- und kostenaufwändigen Prozess gewonnenen Belegschaftsmitglieder nicht wieder zu verlieren".[1]

1.5.1 Arbeitsvertrag

Im Arbeitsvertrag werden die Rechte und Pflichten der Arbeitsvertragsparteien geregelt. Die Gültigkeit eines Arbeitsvertrages ist zwar nicht an eine bestimmte Form gebunden; im Allgemeinen wird jedoch aus Gründen der Rechtssicherheit für beide Parteien die Schriftform empfohlen.

---

[1] Bröckermann 2009, S. 20.

Gegenstände der arbeitsvertraglichen Regelung sind u. a.:

Abb. 26: Mögliche Inhalte eines Arbeitsvertrages[1]

- Nennung der Vertragsparteien
- Beginn des Arbeitsverhältnisses
- Tätigkeitsbezeichnung
- evtl. Tätigkeitsbeschreibung
- Vergütung
- Sozialleistungen
- Arbeitszeit
- Urlaub
- Wettbewerbsverbote
- Probezeit
- Kündigungsfristen

Die Vereinbarungen des Arbeitsvertrages können aus der personalwirtschaftlichen Sicht nicht auf deren arbeitsrechtliche Dimension - der Einhaltung der gesetzlichen und tarifvertraglichen Normen - beschränkt bleiben. Vielmehr sind die im Arbeitsvertrag geregelten Konditionen als Anreize und Beiträge zu verstehen, die im Sinne der Aufgaben und Ziele des Betriebes zu gestalten sind.

So wird die Betrachtung der rein rechtlichen Aspekte des Arbeitsverhältnisses immer mehr erweitert um soziale und psychologische Komponenten, die gemeinsam in ein personalwirtschaftliches Kalkül einfließen. Neben der Bedeutung des Arbeitsvertrages wird daher vermehrt auch dem sog. Psychologischen Vertrag und der betrieblichen Sozialisation bei der Begründung und Aufrechterhaltung von Arbeitsverhältnissen Beachtung geschenkt.[2] Während die Sozialisation erst mit dem Eintritt des neuen Mitarbeiters in den Betrieb beginnt, vor allem also Gegenstand der Einführung und Einarbeitung sein kann, bahnt sich das Vertragsverhältnis bereits mit den ersten Gesprächen und

---

[1] Bearbeitet nach Albert 2008, S. 110/111.
[2] Vgl. Bartscher-Finzer 2004, Sp. 1480 ff.

Verhandlungen über die Arbeitsbedingungen und Beschäftigungskonditionen an, sowohl im arbeitsrechtlichen als auch im psychologischen Sinne.

1.5.2 Entgelt- und Cafeteria-Systeme

Rückt man den sog. psychologischen Vertrag in den Mittelpunkt, dann ist im Interesse einer gedeihlichen und dauerhaften Zusammenarbeit zu fordern, dass die Regelungen des Arbeitsvertrages von dem Bewerber als angemessen und fair empfunden werden. Dies kann erreicht werden, indem man sich beispielsweise an Tarifverträgen oder an branchenüblichen Standards orientiert.

Eine weitergehende Berücksichtigung der Anforderungen und Interessen von Bewerbern und Mitarbeitern erlaubt das so genannte „**Cafeteria-System**", ein innovatives Entlohnungssystem, das vor allem bei Führungskräften angewandt wird und seit den 1980er Jahren vermehrt Verbreitung findet.[1]

Cafeteria-Systeme stellen - in Analogie zu einem „Selbstbedienungsladen" - eine Möglichkeit für Führungskräfte dar, ihre betrieblichen Leistungen individuell nach ihren jeweiligen Wünschen auszuwählen. Das Cafeteria-Prinzip besagt, dass der einzelne Arbeitnehmer in gewissen Grenzen frei zwischen verschiedenen betrieblichen Leistungen entsprechend seinen Bedürfnissen und seiner Situation wählen kann[2]. Es eröffnet dem Mitarbeiter somit die Chance, gemäß seinen individuellen Bedürfnissen und seiner spezifischen Lebens- und Risikosituation diejenigen Leistungen zu wählen, die ihm den größtmöglichen Nutzen stiften.[3]

Voraussetzung für ein solches Cafeteria-System ist, dass eine einzelvertragliche Regelung zur Vergütung zwischen der Führungskraft und dem Arbeitgeber besteht bzw. in den neu abzuschließenden Vertrag aufgenommen wird. Zudem muss sichergestellt sein, dass sich Cafeteria-Systeme bzw. deren Leistungen nicht auf gesetzliche oder tarifvertragliche Regelungen beziehen, da sonst keine Wahlfreiheit besteht.

Ein Cafeteria-System besteht aus drei elementaren Bestandteilen:[4]

---

[1] Vgl. Wagner 2004, Sp. 632-639.
[2] Vgl. Drumm 2000, S. 187.
[3] Vgl. Jung 2011, S. 900.
[4] Vgl. Grawert 1989, S. 35.

- ein Wahlbudget für die einzelnen Mitarbeiter,
- periodisch wiederkehrende Wahlmöglichkeiten,
- Wahlangebot von mindestens zwei oder mehreren Alternativen.

Dementsprechend sollten Cafeteria-Systeme differenzierten und dynamischen Anpassungsmöglichkeiten unterliegen. Damit ist zum einen die Bereitstellung einer Anzahl von verschiedenen Angeboten gemeint, zum anderen die Anpassung an die gesellschaftlichen Veränderungen und damit einhergehend auf die im Zeitablauf veränderten Wünsche der Mitarbeiter.

Zudem sollte ein Wahlbudget geschaffen werden, z.B. in Form eines Punktekontos. Jeder teilnehmende Mitarbeiter, der aufgrund seiner einzelvertraglichen Regelung an diesem Cafeteria-System teilnimmt, kann seine Punkte auf die zuvor mit Punkten bewerteten Leistungen einlösen. Dieses fördert die gewollte Individualität bei der Leistungswahl.

Mögliche Cafeteria-Optionen für Unternehmen sind u.a.[1]:

- Geldangebote (Urlaubsgeld, Weihnachtsgeld, erw. Lohnfortzahlung ...)
- Zeitangebote (Zusatzurlaub, Kürzere Arbeitswoche ...)
- Beteiligungen (Belegschaftsaktien, Gewinnbeteiligung ...)
- Vorsorge/Beratung (Medical-Check-up, Sportprogramme ...)
- Versicherungen (Unfallversicherung, Lebensversicherung ...)
- Bildungsangebote (Sprachkurse, Bildungsurlaub ...)

Cafeteria-Systeme bieten eine Vielzahl von Möglichkeiten für Unternehmen, sich als attraktive Arbeitgeber darzustellen, nicht nur im Rahmen des externen Personalmarketings, sondern auch intern, auf die vorhandenen Mitarbeiter zielend. Durch die Individualisierung von betrieblichen Leistungen hat der Einzelne die Möglichkeit, diejenigen Entgelt- und Sozialleistungskomponenten zu wählen, die seinen Bedürfnissen oder seiner finanziellen Situation am ehesten entsprechen, und gleichzeitig auf diejenigen Leistungen zu verzichten, die für ihn von geringer Bedeutung sind. So kann bei gegebenem betrieblichen Aufwand der individuelle Mitarbeiternutzen maximiert werden.[2]

---

[1] Bearbeitet nach Oechsler 2011, S. 436; s. auch Oechsler 1996, S. 126 ff.
[2] Vgl. Jung 2011, S. 900.

Die Implementierung des Cafeteria-Modells wirft jedoch auch Probleme auf, die sich wie folgt zusammenfassen lassen[1]:

- es entsteht ein erheblicher administrativer Aufwand (Kommunikation, Beratung, leistungsfähige Buchhaltung, umfangreiches EDV-System)
- Probleme beim Abbau von allgemeinen Leistungen auf ein Kernsystem
- Es können Verständigungs- bzw. Kommunikationsprobleme zwischen Unternehmen und Mitarbeitern auftreten
- Gewerkschaften und Arbeitnehmervertretungen verlieren Einfluss und damit auch Kontrollmöglichkeiten, da Leistungen individualisiert werden
- Das Cafeteria-Verfahren ist sehr stark abhängig von der wirtschaftlichen Entwicklung. Das Interesse daran kann sich durch Inflation, Arbeitslosigkeit oder Stagnation verringern

Cafeteria-Systeme sind prinzipiell eher für große Unternehmen geeignet, da sie erhebliche personalpolitische Ressourcen erfordern. Dies schließ nicht aus, dass auch mittlere und kleinere Unternehmen – ggf. mit externer Unterstützung – Elemente davon nutzen.

1.5.3 Familienfreundliche Beschäftigungsbedingungen

Ein weiterer personalpolitischer Gestaltungsparameter der Personalbindung ist die familienfreundliche Ausgestaltung der Arbeitsbedingungen im Kontext von Familie und Beruf. Die Auswirkungen von familienfreundlichen Arbeitgeberinitiativen sind gerade im Bereich der Personalbeschaffung und der Personalbindung besonders groß, wie empirische Untersuchungen zeigen.

---

[1] Vgl. ebd., S. 903/904.

Abb. 27: Verbreitung familienfreundlicher Maßnahmen in Unternehmen in Deutschland 2003 und 2006 (%)[1]

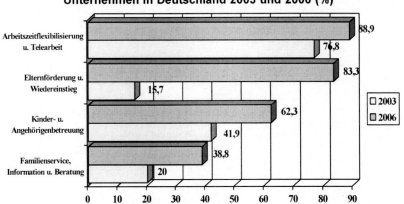

Nicht zuletzt vor dem Hintergrund des teilweise schon jetzt zu beobachtenden Fachkräftemangels gewinnt die familienfreundliche Ausgestaltung der Personalpolitik eine immer größere Bedeutung.

Insgesamt müssen sich die Unternehmen verstärkt auf den gesellschaftlichen Wandel einstellen, der durch die demografische Entwicklung beschleunigt und verstärkt wird. Eines der zentralen Themen in diesem Kontext ist die Forderung nach einer besseren Vereinbarkeit von Familie und Beruf, die für die Zukunft eine zentrale Herausforderung für die Betriebe sein wird. Neben der Flexibilisierung der Arbeitszeit umfasst dies den Aspekt räumlicher Flexibilität (Stichwort: z.B. Telearbeitsplatz), um beispielsweise familiären Verpflichtungen besser nachkommen zu können[2].

1.5.4 Personalentwicklung

Auch die Personalentwicklung (PE) kann unter dem Gesichtspunkt der Personalbindung betrachtet werden. Zugleich stellt sie auch eine Investition in das Humankapital des Unternehmens dar[3]. Sie ist somit ein zentraler Aspekt bei der Erhaltung der Wettbewerbsfähigkeit des Unternehmens.

---

[1] Quelle: Flüter-Hoffmann 2006, S. 12.
[2] Vgl. Scherm/Süß 2010, S. 10.
[3] Vgl. Drumm 2000, S. 410.

1 Einführung

Weiterbildung erhöht das Qualifikationsniveau der Arbeitnehmer und damit einhergehend deren berufliche Kompetenzen. Eines der Leitthemen hierbei ist „Employability". Man versteht darunter die Beschäftigungsfähigkeit der Arbeitnehmer[1], die es zu erhalten oder (wieder) herzustellen gilt. Das dazu notwendige lebenslange Lernen soll sowohl in der Verantwortung des Unternehmens als auch in der des Individuums liegen und zielt auf das planmäßige Herbeiführen und Ergreifen individueller Karrierechancen innerhalb und außerhalb des Unternehmens[2].

Personalentwicklung kann eine starke Personalbindungswirkung entfalten. Dies unterstreicht die Tatsache, dass in nahezu jedem Vorstellungsgespräch direkt oder indirekt auch über Weiterbildungsmöglichkeiten (vor allem im Fach- und Führungskräftebereich) gesprochen wird. Eine systematische Informationspolitik des Unternehmens kann die Personalbindungsfunktion unterstützen. Dazu sollte das Unternehmen die Personalentwicklungsmöglichkeiten nach innen (interne Mitarbeiter) und nach außen (potentielle Bewerber) nachhaltig kommunizieren[3].

Neben den Unternehmenszielen sollte die Personalentwicklung auch die Mitarbeiterziele berücksichtigen. Dann kann sie zu „...einer Identifikation der Beschäftigten mit dem Unternehmen sowie einer Verbesserung ihres Arbeits- und Sozialverhaltens führen. Sie verhilft somit zu einer geringen Fluktuation und vergleichsweise geringen Fehlzeiten."[4]

Die Maßnahmen der Personalentwicklung können in solche „on the job" und solche „off the job" unterschieden werden. Training „on the job" beschreibt grundsätzlich Maßnahmen, durch die eine Qualifizierung im Rahmen der normalen Ausübung der Arbeitstätigkeit erreicht werden soll.

Maßnahmen der Personalentwicklung „on the job" sind insbesondere:[5]

- gelenkte Erfahrungsvermittlung
- Stellvertretung
- Projektarbeit
- qualifikationsfördernde Arbeitsgestaltung (job rotation, job enlargement,

---

[1] Vgl. Becker 2009, S. 277.
[2] Vgl. Scherm/Süß 2010, S. 96.
[3] Vgl. Becker 2009, S. 229.
[4] Bröckermann 2009, S. 315.
[5] In Anlehnung an Scherm/Süß 2010, S. 100.

job enrichment)
- Coaching[1]

Die Methoden der Personalentwicklung „on the job" sind dadurch gekennzeichnet, dass das Lernfeld des Mitarbeiters zugleich auch sein Funktionsfeld ist, für das ihm praktische Kenntnisse, Fertigkeiten und Erfahrungen vermittelt werden sollen[2].

Hingegen versucht Personalentwicklung „off the job" aus der Distanz zur normalen Tätigkeit oder durch externe Fachkompetenz neue Erfahrungen und Motivation zu erreichen.

Maßnahmen der Personalentwicklung „off the job" sind:[3]

- Konferenz/Fachseminar
- Studium (berufsbegleitend)
- Vortrag
- Kurse
- Fallstudie
- Rollen- oder Planspiel
- Erlebnispädagogik

Im Gegensatz zur Personalentwicklung „on the job" handelt es sich bei der Personalentwicklung „off the job" überwiegend um die Vermittlung theoretischen Wissens und um das Erlernen von Verhaltensweisen. Dazu werden die Anforderungen eines bestimmten Aufgabengebietes simuliert, um dem grundsätzlichen Problem des Praxis-Transfers bei der „off-the-job"-Weiterbildung zu begegnen[4].

Neben der Bedeutung der Personalentwicklung im Allgemeinen für die Personalbindung, sind einzelne Formen spezifisch auf diese Funktion hin ausgerichtet. Hier sind sämtliche PE-Maßnahmen zu nennen, die sich spezifisch an neue Mitarbeiter richten. Hierzu rechnet der gesamte Komplex der betrieblichen Ausbildung auf allen Ebenen und Funktionsbereichen des Betriebes;

---

[1] S. Kap. 1.5.5.
[2] Vgl. Jung 2011, S. 282.
[3] In Anlehnung an Scherm/Süß 2010, S. 100.
[4] Vgl. Jung 2011, S. 290.

insbesondere also die sog. **Duale Ausbildung**[1] in den anerkannten Ausbildungsberufen, spezielle Ausbildungsgänge u.a. in der Form dualer Studiengänge für Abiturienten sowie besondere **Trainee-Programme**[2] zur Einweisung und Einarbeitung von Hochschulabsolventen als Führungsnachwuchs.

1.5.5 Personaleinführung und -einarbeitung

Die Personalbeschaffung kann als erfolgreich und abgeschlossen gelten, wenn die neu eingestellte Arbeitskraft eine vollwertige Arbeitsleistung erbringt. Deshalb wird die Phase der Einführung und Einarbeitung der Mitarbeiter im Allgemeinen noch der Personalbeschaffung, insbesondere der Personalbindung, zugerechnet.

Die **Personalbindung** kann nicht ausschließlich über arbeitsvertragliche Regelungen herbeigeführt werden. Sie ist eine Aufgabe, die vor allem während des Beschäftigungsverhältnisses geleistet werden muss. Besondere Bedeutung kommt hierbei der Einführungs- und Einarbeitungsphase zu, weil in dieser Zeit die Grundlagen der betrieblichen Sozialisation gelegt werden.

Die Aufgabe der Einführung und Einarbeitung des Personals wird in ihrer Bedeutung leicht unterschätzt oder als lästig empfunden[3]. Zu bedenken ist aber, dass ein Beschäftigungsverhältnis in der Anfangszeit immer labil ist: Arbeitgeber wie Arbeitnehmer betrachten die ersten Wochen und Monate der Beschäftigung als Probezeit, die auch arbeitsrechtlich die Möglichkeit der jederzeitigen Kündigung ohne Angabe von Gründen lässt. „In dieser Zeitspanne hat das Unternehmen die Chance, sich als interessanter und attraktiver Anbieter eines Arbeitsplatzes zu präsentieren und ansatzweise zu beweisen, dass die unternehmerische Präsentation im Auswahlgespräch und bei der Vertragsverhandlung auf Tatsachen beruht"[4]. Eine mangelnde Einarbeitung kann dementsprechend im „worst-case" zur Kündigung des Mitarbeiters führen, was wiederum zur Folge hat, den ganzen Auswahlprozess neu absolvieren zu müssen.

Auch für ein Arbeitsverhältnis gilt, dass der erste Eindruck oft der prägende und entscheidende ist. Leicht kann ein Arbeitsverhältnis vorzeitig enden oder

---

[1] Vgl. Pütz 2004, Sp. 503-512.
[2] Vgl. Becker 2009, S. 479-481; Jung 2011, S. 289.
[3] Vgl. Kieser u.a. 1990, S. 1.
[4] Detmers 2002, S. 302.

von Anfang an eine negative Prägung erhalten, wenn die Einarbeitung nicht mit der nötigen Sorgfalt und Konsequenz betrieben wird.

Je nach Art der Arbeitsaufgaben kann diese Phase von unterschiedlicher Dauer sein. Während bei sehr einfachen Tätigkeiten wenige Stunden oder Tage zur Einarbeitung genügen, können bei Aufgaben mit sehr hohen Anforderungen mehrere Wochen oder Monate notwendig sein.

Zeitliche Richtlinien lassen sich in Abhängigkeit von der Position des neuen Mitarbeiters grob festlegen[1]:

- Obere Führungsebene (z.B. Hauptabteilungsleiter)   9 – 12 Monate
- Mittlere Führungsebene (z.B. Abteilungsleiter)   6 – 9 Monate
- Untere Führungsebene (z.B. Gruppenleiter)   3 – 6 Monate
- Qualifizierte Spezialisten mit (Fach-) Hochschulabschluss   3 – 6 Monate
- Sachbearbeiter und Handwerker   6 – 12 Wochen

Unabhängig von der erforderlichen Dauer kann der zeitliche Ablauf der Personaleinführung und -einarbeitung in einzelne **Phasen** unterteilt werden:

Abb. 28: Phasen der Einführung und Einarbeitung des Personals[2]

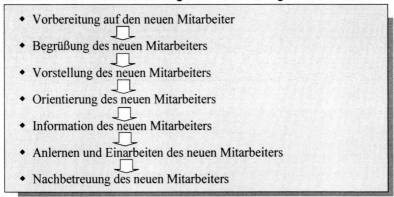

---

[1] Vgl. Wüst 1999, S. 5.
[2] Bearbeitet nach Jung 2011, S. 184.

Abb. 29: Checkliste zur Einführung neu eingestellter Mitarbeiter[1]

1. Vorbereiten
Einsatz des Neuen planen.
Arbeitsplatz vorbereiten.
Übrige Mitarbeiter unterrichten.
Termin des Eintreffens vormerken, Zeit für Begrüßung freihalten.
Geeignete Mitarbeiter für Einarbeitungshilfen auswählen, informieren und zu Trainingskursen entsenden.
Lerngruppe zusammenstellen und technische Hilfen für die Lerngruppen ermöglichen.

2. Begrüßen
Über Werdegang, Interessen und Ziele unterhalten.
Überblick über Aufgabe der Abteilung geben.
Rolle der Arbeit des Neuen im Gesamtrahmen zeigen.
Eine klare Beschreibung der Arbeitsaufgabe geben.
Auf Möglichkeiten des Weiterkommens hinweisen.

3. Informieren
Wichtige Arbeitsregeln erläutern.
Die wichtigsten Sicherheitsvorschriften nennen.
Feststellen, ob er alle Unterlagen erhalten hat, z.B.
- Arbeitsordnung,
- Einführungsbroschüre,
- Terminankündigung für die zentrale Einführungsinformation,
- Terminankündigung für die Sicherheitsbelehrung.

4. Bekannt machen
- mit dem unmittelbar Vorgesetzten,
- mit dem Mitarbeiter, der für seine Einarbeitung vorgesehen ist,
- Veranlassen, dass er mit den anderen Mitarbeitern bekannt gemacht wird,
- Veranlassen, dass er mit anderen Personen, mit denen er zu tun hat, bekannt gemacht wird.

5. Orientieren
Veranlassen, dass er Waschräume, Toiletten, Werkzeug- und Materialausgabe, Sanitätseinrichtungen, Erste Hilfe, Feuerlöscher, usw., Kantine, Gemeinschaftsräume, Einrichtungen für die Belegschaft, Sonstiges gezeigt bekommt

6. Nachfassen
Sich um den Neuen kümmern, nach seinen Erfahrungen fragen, ihm Anerkennung für seine Fortschritte zollen, ihn zu Fragen ermutigen. Eingehende Aussprachen
- nach 3 Tagen
- nach 1 Woche
- nach 4 Wochen
- nach 3 Monaten

---

[1] Vgl. Stopp 2006, S. 145/146; ausführlich vgl. Becker 2009, S. 484-488.

Eine Checkliste zur Mitarbeitereinführung kann die Gefahren einer mangelnden Einarbeitung und damit verbunden einer höheren Fluktuationsneigung der neu eingestellten Mitarbeiter entgegenwirken.

Eine systematische Gesprächsführung sollte den Einarbeitungsprozess begleiten:

- Kontaktgespräche binden den neuen Mitarbeiter sozial in die Betriebsgemeinschaft ein,
- Zielvereinbarungs- und Beurteilungsgespräche dienen der kooperativen Abrede über konkrete Pflichten und der Rückmeldung zu ihrer Erfüllung,
- Beratungs- und Fördergespräche sollen die schrittweise Anpassung der Fähigkeiten an die Anforderungen unterstützen.

Die systematische Einarbeitung kann unter Umständen durch die Benennung eines **Paten** gefördert werden. „Dem neuen Mitarbeiter wird offiziell ein erfahrender Kollege an die Seite gestellt, der bei auftauchenden Fragen über die herrschenden Praktiken zur Verfügung steht, den neuen Mitarbeiter in die Arbeitsgruppe einführt und ihn mit guten Ratschlägen im Einarbeitungsprozess unterstützen soll."[1]

Auch Mentoren-Programme oder das Mitarbeiter-Coaching können die Einarbeitung unterstützen.

Ein **Mentor** ist eine ranghöhere Person, welche die Einarbeitung des neu eingestellten Mitarbeiters begleitet. Er fördert durch didaktisch-pädagogische Unterstützung die berufliche Sozialisation von neuen Mitarbeitern und berät sie auch in Karrierefragen[2]. „Mentoring bedeutet (also) die gezielte Personalentwicklungsbeziehung zwischen einem Berater, dem so genannten Mentor und einem Ratsuchenden, dem so genannten Mentee"[3], den man auch als Eleve, Schützling oder Protegee bezeichnet. Mentoren können der direkte Vorgesetzte, aber auch Vorgesetze anderer Abteilungen mit entsprechenden Kompetenzen sein. Mentoren sollten eine stark ausgeprägte didaktische Kompetenz, sowie Freundlichkeit, Hilfsbereitschaft und interkulturelle Kompetenz besitzen.

Im Gegensatz zum Mentor hat der **Coach** eine Unterstützungsfunktion in sozialer und fachlicher Hinsicht. Unter Coaching versteht man einen individuel-

---

[1] Kieser u.a. 1990, S. 154.
[2] Vgl. Detmers 2002, S. 307.
[3] Hilb 2004, Sp. 1152.

len unterstützenden Beratungsprozess zwischen Coach und dem Gecoachten in Form einer längerfristigen individuellen und persönlichen Beziehung[1]. Es ist „...eine Form einer Unterstützungsbeziehung, in der es darum geht, dass die Coaching empfangende Person (Coachee) ihre Möglichkeiten findet und ihre Potenziale entfaltet."[2]

Coaching kann in unterschiedlicher Kombination aus individueller Beratung, Betreuung, Stützung, Konfrontation und Einzeltraining durchgeführt werden. Gebräuchliche Methoden sind insbesondere nondirektive Gesprächsführung, analytische Techniken, Skill-Training und Dialog mit Rollentausch.[3]

Coaching wird vor allem als Beratung zur Selbsthilfe verstanden, das nicht von Vorgesetzen, sondern von einer unabhängigen Person ausgeführt wird, die von außerhalb (externes Coaching) oder aus der eigenen Organisation (internes Coaching) kommt. Es richtet sich an Einzelpersonen (individuelles Coaching) oder an Gruppen (Teamcoaching).

Über die genannten Maßnahmen hinaus schlägt Pepels ein **strategisches Personalbindungsmanagement** vor, das sowohl proaktive als auch reaktive Elemente umfassen kann, und zwar:[4]

- Maßnahmen der Kündigungsvorbeugung
- Maßnahmen der Kündigungsrückgängigmachung
- Messung der Mitarbeiterzufriedenheit
- Behandlung von Mitarbeiterbeschwerden.

Zu ergänzen wäre hierzu evtl. noch die systematische Erforschung der Kündigungs- bzw. Austrittsgründe von Mitarbeitern, die den Betrieb dann letztlich doch verlassen haben, z.B., indem mit diesen Personen Austrittsinterviews geführt werden. Dann ist das Kind zwar in den Brunnen gefallen, es können hier aber wichtige Hinweise auf Schwachstellen gefunden werden, die künftig verbessert werden können.

---

[1] Vgl. Wunderer 2009, S. 372.
[2] Schneider 2004, Sp. 652.
[3] Vgl. Rauen 1999, S. 19.
[4] Vgl. Pepels 2002, S. 140-142.

1.6 Exkurs: Das Allgemeine Gleichbehandlungsgesetz (AGG)

Mit dem **Allgemeinen Gleichbehandlungsgesetz (AGG)** hat der Gesetzgeber im Jahre 2006 eine sehr weitgehende Gesetzesregelung zur Verhinderung von Diskriminierung, insbesondere auch im beruflichen Kontext verabschiedet.

Das betriebliche Personalwesen erfährt durch das AGG durchaus spürbare Einschränkungen, nicht zuletzt auch in Bezug auf die Auswahlkriterien bei der Einstellung von Personal. Auch ist die rechtliche Stellung von Personen, die tatsächlich oder vermeintlich benachteiligt werden, erheblich gestärkt worden, unter anderem durch ein gesetzlich verankertes Beschwerderecht der Betroffenen (§13), eine Umkehr der Beweislast (§22), erweiterte Entschädigungs- und Schadensersatzregelungen (§15) etc.

Praktisch bedeutet dies, dass der Gesichtspunkt der Geschlechtergleichstellung und der umfassenden Antidiskriminierung, insbesondere auch gegenüber Ausländern/Migranten und älteren Arbeitnehmern, künftig einen zentralen personalpolitischen Stellenwert einnehmen muss, und zwar gerade auch bei der Beschaffung und Auswahl neuer Mitarbeiter.

„Ziel des Gesetzes ist, Benachteiligungen aus Gründen der Rasse oder wegen der ethnischen Herkunft, des Geschlechts, der Religion oder Weltanschauung, einer Behinderung, des Alters oder der sexuellen Identität zu verhindern oder zu beseitigen".[1]

Durch das AGG muss jedes Unternehmen bei seiner Personalauswahl dementsprechend folgenden Aspekten Rechnung tragen. Kein Bewerber darf bei der Personaleinstellung benachteiligt werden aufgrund von:[2]

- Behinderung,
- Rasse,
- sexueller Identität,
- Alter,
- Geschlecht,
- Weltanschauung
- Religion,
- ethnischer Herkunft.

---

[1] § 1 AGG
[2] Vgl. Jung 2011, S. 75.

Ein personalpolitisch bedeutsamer Aspekt des AGG ist die Auslegung des Begriffs des „Beschäftigten". Beschäftigte sind demnach nicht nur Arbeitnehmer, die in einem Arbeitsverhältnis stehen, sondern auch Bewerber auf ein solches Beschäftigungsverhältnis, Auszubildende, sowie ehemalige Beschäftigte.

Jedes Unternehmen muss im Rahmen von Stellenausschreibungen, bei der Anforderung von Bewerbungsunterlagen, im Vorstellungsgespräch und im Rahmen der Auswahlentscheidung die gesetzlichen Normen beachten, da es bei gesetzeswidrigem Verhalten mit Sanktionen rechnen muss.

Bei Missachtung des Benachteiligungsverbotes können den Unternehmen drastische Strafen, z.B. in Form von Entschädigungszahlungen an den Bewerber, auferlegt werden. Ausnahmen werden grundsätzlich nur unter dem Aspekt zugelassen, dass bestimmte Tatbestände aufgrund des Arbeitsplatzes unerlässlich sind (wie z.b. bei der Frage nach der Religionszugehörigkeit bei einer Bewerbung als Erzieher in einem kirchlichen Kindergarten).

So kann sich unter Umständen ein Entschädigungsanspruch zu Lasten des Unternehmens ergeben, wenn in Stellenausschreibungen obige Aspekte nicht beachtet werden. Altersangaben wie z.B.: „Sie sind zwischen 25 und 35 Jahre alt..." sind in einer Stellenanzeige zukünftig zu unterlassen, wenn die Tätigkeit auch von älteren Arbeitnehmern ausgeführt werden kann. Ebenso sind Absageschreiben, denen eine solche Benachteiligung zugrunde liegt, rechtswidrig.

Diese rechtlichen Vorgaben sollten auch bei der Bearbeitung der nachfolgenden Fallstudie **„Nietnagel stellt einen Einkäufer ein"** beachtet werden.

2 Fallstudie: Nietnagel stellt einen Einkäufer ein

2.1 Die Vorgeschichte

Vor einiger Zeit war der junge Personalvermittler Lucas von Herrn Mahlzahn, dem kaufmännischen Leiter der Nietnagel GmbH & Co.KG, telefonisch kontaktiert worden. Die Firma Nietnagel war auf der Suche nach einem neuen Einkäufer, da der bisherige Stelleninhaber überraschend gekündigt hatte.[1]

Herr Mahlzahn bat Herrn Lucas um Unterstützung bei der Suche nach einem Nachfolger, da er selbst mit der Einstellung von kaufmännischen Fach- und Führungskräften keine Erfahrung hatte. Seine bisherigen Bemühungen waren denn auch dementsprechend unprofessionell und – wie nicht anders zu erwarten – ohne Erfolg geblieben.

Herr Lucas hatte sofort die Chance gewittert, hier einen neuen Kunden für seine Agentur gewinnen zu können. Um sich einen Eindruck von dem Unternehmen und der vakanten Stelle zu verschaffen, aber auch um sich selbst vorzustellen und für seine Agentur zu werben, hatte er einen Betriebsbesuch vereinbart und durchgeführt. Er hatte dabei viele Eindrücke und Informationen gewonnen und wohl auch selbst einen ganz guten Eindruck hinterlassen. Es bahnte sich eine recht fruchtbare Zusammenarbeit an.

Auf der Basis seiner Analysen erstellte Lucas zunächst ein Anforderungsprofil der vakanten Stelle und analysierte dann den Arbeitsmarkt im Hinblick auf die Rekrutierungsmöglichkeiten. Nur einen geeigneten Bewerber fand er in seiner Kartei, dessen Unterlagen er Herrn Mahlzahn zusandte.

Im Zuge der Analysen stellte sich heraus, dass – neben der üblichen Einschaltung der Agentur und der Veröffentlichung in deren Jobportal – eine Stellenanzeige in einer überregionalen Tageszeitung wohl die besten Erfolgsaussichten bieten würde.

Daraufhin erarbeitete Herr Lucas im Auftrag der Firma Nietnagel eine professionelle Stellenanzeige, die dann relativ großformatig in der LAZ veröffentlicht wurde.

---

[1] Vollständige Fallstudie in: Dincher 2007a, S. 39-99

2.2 Die Qual der Wahl

Mittlerweile sind zwei Wochen seit der Veröffentlichung der Stellenanzeige vergangen und die Bewerbungsfrist ist vorgestern abgelaufen. Neun Bewerbungen sind eingegangen. Herr Mahlzahn macht sich nun daran, die Briefe zu öffnen und er beginnt, sie interessiert und gründlich zu lesen. Einen halben Tag hat er sich dafür frei gehalten.

Drei Bewerber und Bewerberinnen sortiert Herr Mahlzahn umgehend aus. Da sind z. B. die Unterlagen eines Herrn Engelmeier. Leider vergaß Herr Engelmeier, seinen Bewerbungsunterlagen einen aktuellen Lebenslauf hinzuzufügen. Auch sonst macht die Bewerbung einen recht schlampigen Eindruck. Er legt sie ganz nach rechts auf seinem Schreibtisch ab und legt einen kleinen Notizzettel mit der Aufschrift ‚C' darauf.

Eine Frau Kriegbaum wiederum vergaß, die Adresse im Bewerbungsanschreiben zu ändern. So konnte Herr Mahlzahn sehen, dass sie sich auch bei einem Zulieferer der Nietnagel GmbH & Co. KG beworben hat. Sehr ungeschickt! Wenn sie auch bei der Arbeit so nachlässig ist ... Auch diese Bewerbung legt er bei ‚C' ab.

Ein weiterer Bewerber – Herr Josten – erfüllte schon auf den ersten Blick die formalen Anforderungen nicht einmal minimal; viel zu jung und überhaupt keine einschlägige Berufserfahrung. Völlig unmöglich! In der Anzeige stand doch klipp und klar zu lesen, dass eine langjährige einschlägige Berufserfahrung absolut unabdingbar ist und .... Auch Herr Josten landet unter ‚C'.

Nach zwei weiteren Stunden intensiven Studiums der Bewerbungsunterlagen seufzt Herr Mahlzahn laut auf. Er sieht müde und frustriert aus. Was war passiert? Herr Mahlzahn hatte sich die Sichtung und Analyse der Unterlagen wesentlich einfacher vorgestellt. Im gewerblichen, insbesondere im Helferbereich, ging das doch immer ziemlich flott und ohne viel Mühe. Die Bewerber waren überwiegend sofort verfügbar und hatten meistens einen klaren Fokus auf das Arbeitsentgelt. Bei den hier vorliegenden Unterlagen war das ganz anders: Herr Mahlzahn sieht sich hier mit unterschiedlichen Kündigungsfristen konfrontiert (da sich überwiegend ungekündigte Angestellte beworben haben), häufiger auch mit bewerberseitigen Forderungen, wie z. B. nach einem Firmenwagen oder nach Bonuszahlungen, aber auch mit weitergehenden Wünschen zur Tätigkeit, etwa nach selbständigen Entscheidungsbefugnissen. Auch sonst sind die Bewerber sehr unterschiedlich, sowohl hinsichtlich ihrer beruflichen Ausbildung und Erfahrung als auch im Hinblick auf persönliche Aspekte, wie Alter, persönlichem Status etc. Mit dieser Heterogenität und Vielschichtigkeit hatte Herr Mahlzahn nicht gerechnet. Immer mehr beschleicht ihn ein Gefühl von Überforderung. Er hat Angst, der Sache nicht gewachsen zu sein.

Er beschließt, sich an Herrn Lucas zu wenden und ihn um Unterstützung zu bitten. Bisher hatte Herr Lucas ja immer gute Ideen. Auch Herr Dr. Nietnagel war mit der zurückliegenden Arbeit von Lucas sehr zufrieden und er würde bestimmt nichts dagegen haben, wenn Herr Lucas auch bei der Personalauswahl mit einbezogen würde. Herr Mahlzahn nimmt den Hörer ab und wählt die Telefonnummer von Herrn Lucas.

Lucas:	*Lucas, Agentur Lummerstadt, guten Tag!*
Mahlzahn:	*Guten Morgen, Herr Lucas, Mahlzahn hier.*
Lucas:	*Guten Morgen, Herr Mahlzahn. Wie geht es Ihnen?*
Mahlzahn:	*Danke der Nachfrage, Herr Lucas. Soweit ganz gut. Ihre Stellenanzeige, die Sie freundlicherweise für uns entworfen hatten, war ein großer Erfolg.*
Lucas.:	*Das freut mich sehr, Herr Mahlzahn.*
Mahlzahn:	*Stellen Sie sich vor. Neun Bewerbungen haben wir auf die vakante Position des Einkäufers erhalten. Sicherlich, es waren auch ein paar – wie soll ich es ausdrücken – ‚Flops' dabei. Aber ich bin zuversichtlich, dass wir aus diesem Pool doch vielleicht drei oder vier Bewerber zu einem Vorstellungsgespräch werden einladen können. Und nicht zu vergessen, ihren Bewerber, den Herrn Schmitz, dessen Unterlagen Sie mir vor zwei Wochen zugesandt hatten.*
Lucas:	*Das ist aber eine tolle Resonanz auf die Stellenanzeige. Das freut mich. Wie war denn ihr Eindruck von Herrn Schmitz? Ich sagte Ihnen ja bereits, dass ich zwar nur den einen Bewerber habe, den ich Ihnen vorschlagen möchte, aber dafür entspricht er auch in allen Punkten ihrem Anforderungsprofil.*
Mahlzahn:	*Da hatten Sie nicht zu viel versprochen. Ich habe auch gleich mit Herrn Schmitz Kontakt aufgenommen und ihm signalisiert, dass wir gerne mit ihm ein Vorstellungsgespräch führen würden und dass wir dann demnächst diesbezüglich auf ihn zukommen wer-*

den. Aber weswegen ich Sie eigentlich anrufe, Herr Lucas: Ich bräuchte da noch mal ihre Unterstützung. Sie wissen ja, Herr Lucas, bisher habe ich in Sachen Personaleinstellung ausschließlich Erfahrungen mit dem gewerblichen Bereich gesammelt. Das läuft da auch sehr gut. Nachdem ich aber jetzt stundenlang die Bewerbungsunterlagen für die Einkäuferstelle studiert habe, bin ich aber doch einigermaßen verunsichert und auch etwas frustriert. Ich weiß einfach nicht so recht, worauf ich bei diesen Bewerbern vorrangig achten muss. Das ist doch alles sehr komplex. Und Sie wissen ja, Herr Dr. Nietnagel legt sehr viel Wert auf eine bestmögliche Besetzung der Stelle. Es ist ja schließlich auch eine sehr verantwortungsvolle Position, die wir da ausgeschrieben haben. Einen Fehlgriff kann ich mir da auf keinen Fall erlauben. Gar nicht auszudenken!

Lucas: *Ja, das verstehe ich gut, Herr Mahlzahn. Und ich helfe Ihnen natürlich auch gerne. Das ist ja schließlich mein Job als Personalvermittler: meine Kunden – wenn sie es wünschen – bis zur Personaleinstellung und – wenn nötig – auch darüber hinaus, bis zur Personalbindung zu begleiten.*

Mahlzahn: *Aha, interessant! Sogar bis zur Personalbindung? Darauf komme ich vielleicht noch zurück, Herr Lucas. Nun aber zurück zum Thema: Worauf soll ich bei der Durchsicht der Bewerbungsunterlagen denn achten? Was ist besonders wichtig? Wie kann ich die Bewerber am Besten miteinander vergleichen? Sie merken schon, Herr Lucas, ich bin da ziemlich unsicher und ratlos.*

Lucas: *Na ja, das ist aber auch verständlich, Herr Mahlzahn. Wenn man auf einem Gebiet keine Erfahrung besitzt, dann ist man halt unsicher und man macht ja dann vielleicht auch Fehler. Das ist ja nun genau auch der Ansatz unserer Agentur. Wir bringen die Erfahrung in Sachen Personaleinstellung mit, die den Betrieben oft fehlt. Das ist ja Tag für Tag hier meine Aufgabe. Betrieben dabei zu helfen, dass sie die richtigen Mitarbeiter finden. Das nützt den Betrieben, das nützt den Leuten, die eine Arbeit finden. Und mir macht diese Arbeit Spaß, weil Sie wichtig und nützlich ist. Und deshalb helfe ich Ihnen auch gerne.*

Mahlzahn:	Nun, das freut mich, dass Sie das so sehen, Herr Lucas und dass Sie mir helfen wollen. Was raten Sie mir also?
Lucas:	Wenn Sie mich so fragen, Herr Mahlzahn, dann würde ich Ihnen zunächst einmal empfehlen, jetzt Schritt für Schritt vorzugehen, also nicht alles auf einmal anzupacken. Vernünftig wäre es zum jetzigen Zeitpunkt wohl, zunächst einmal eine Art ‚to-do-Liste' zu erarbeiten. Jetzt also als Erstes einmal zu überlegen, wie man den Auswahlprozess am Besten strukturieren kann; also welche Schritte sind notwendig und in welcher Reihenfolge sollten sie erfolgen. Diesen Plan könnten wir dann Stück für Stück abarbeiten und so den Bewerberkreis Zug um Zug einengen.
Mahlzahn:	Gut, Herr Lucas. Ich habe damit ja auch schon angefangen. Die neun per Post eingegangenen Bewerbungen habe ich alle durchgesehen. Drei Bewerber habe ich sofort ausgesondert, denen wir die Unterlagen postwendend zurück schicken. Die kommen schon auf den ersten Blick nicht in Frage. Soweit ist die Sache klar. Bei den weiteren Bewerbern, und das sind mit Ihrem Herrn Schmitz zusammen immerhin noch sieben an der Zahl, ist die Sache aber dann eben nicht mehr so einfach. Wie machen wir da weiter? Womit fangen wir an?
Lucas:	Nun, als erstes müssten wir überlegen – Sie haben das ja schon angesprochen – nach welchen Kriterien die Auswahl erfolgen soll. Wir brauchen also eine Art Check-Liste, an die wir uns dann halten können. Das wäre aus meiner Sicht jetzt der nächste Schritt. Anhand der Check-Liste können wir dann die einzelnen Bewerbungen analysieren. Auch da können wir schrittweise vorgehen. Ich empfehle Ihnen, zunächst die formalen Anforderungen zu überprüfen. Da fallen meistens schon einige Bewerber heraus, weil sie diesen formalen Kriterien nicht genügen. Im zweiten Schritt können wir dann die fachlichen und im dritten Schritt die persönlichen Anforderungen analysieren. Wenn es gut geht, bleibt am Ende eine handvoll Bewerber übrig, die nach der Papierform gut geeignet erscheinen. Die könnte man dann im nächsten Schritt zu einem Vorstellungstermin einladen, um sie persönlich kennen zu lernen und unter die Lupe zu nehmen. Es wäre zu hoffen, dass dann am Ende drei oder vier Kandidaten

	übrig bleiben. *Aus diesem kleinen Kreis von Kandidaten müssten wir in einem letzten Schritt den einen bzw. die eine herausfinden, der/die wirklich am besten auf Ihre Stelle passt. So würde ich mir den Ablauf im Groben vorstellen, Herr Mahlzahn.*
Mahlzahn:	*Das hört sich ganz vernünftig an, Herr Lucas.*
Lucas:	*Ja, das ist eine bewährte Methode, Herr Mahlzahn. So machen wir das in der Agentur immer, und wir haben damit sehr gute Erfahrungen gemacht.*
Mahlzahn:	*In Ordnung. Mit dieser Vorgehensweise bin ich - was die Reihenfolge der einzelnen Schritte betrifft - absolut einverstanden. Aber, woher wissen wir, worauf man bei den Bewerbungsunterlagen dann genau achten muss? Es ist ja immerhin eine äußerst wichtige Stelle, um die es hier geht. Wie kommen wir also zu einer geeigneten Check-Liste, Herr Lucas?*
Lucas:	*Das ist mein Job, Herr Mahlzahn. Ich unterstütze Sie da gerne. Wie wäre es, wenn ich Ihnen eine Checkliste erstelle, anhand welcher die Analyse der Bewerbungsunterlagen durchgeführt werden kann? Als Entwurf selbstverständlich, als Vorschlag sozusagen. Die letztendliche Entscheidung, nach welchen Kriterien ausgewählt wird, liegt dann natürlich bei Ihnen. Ich könnte Ihnen aber gerne einen ersten Entwurf dafür fertigen.*
Mahlzahn:	*Das wäre sehr hilfreich, Herr Lucas. Vielen Dank.*
Lucas:	*Gut, Herr Mahlzahn. Ich werde mich noch heute an die Arbeit machen. Dann haben Sie die Checkliste morgen per E-Mail.*
Mahlzahn:	*Toll, wenn das so schnell möglich ist. Ich erwarte dann also für morgen Ihren Entwurf, Herr Lucas. Auf Wiederhören, Herr Lucas.*
Lucas:	*Auf Wiederhören, Herr Mahlzahn.*

2.3 Checkliste und Bewerberliste

Arbeitsauftrag:
Bitte erstellen Sie eine Checkliste zur Analyse der einzelnen Bewerbungsunterlagen. Worauf müsste Herr Mahlzahn beim Lebenslauf, beim Bewerbungsanschreiben, bei den Zeugnissen und bei den sonstigen Unterlagen achten? Gliedern Sie die Check-Liste in die formalen, die fachlichen und die persönlichen Auswahlkriterien.

Checkliste für die Vorauswahl der Bewerber

Formale Auswahlkriterien

Fachliche Auswahlkriterien

Persönliche Auswahlkriterien

2 Fallstudie: Nietnagel stellt einen Einkäufer ein

Gleich am nächsten Morgen geht Herr Lucas die Checkliste noch einmal durch. Er ist zufrieden mit der Arbeit und sendet die Liste per E-Mail an Herrn Mahlzahn ab. Er hofft, bei Herrn Mahlzahn auf ein positives Echo zu stoßen und seine Zusammenarbeit mit der Firma Nietnagel damit festigen zu können.

Einige Stunden später – Herr Lucas ist gerade aus seiner Mittagspause zurückgekehrt – klingelt sein Telefon.

Lucas: *Lucas, Agentur Lummerstadt, guten Tag.*
Mahlzahn: *Mahlzahn am Apparat. Guten Tag, Herr Lucas. Ich habe heute morgen ihre E-Mail erhalten. Vielen Dank für Ihre Mühe. Da haben Sie ja sicherlich einige Stunden dran gearbeitet. Nochmals vielen Dank. Mir gefällt ihre Checkliste sehr gut. Ich habe sie auch gleich als Basis genommen, um ein Auswertungsschema zu erstellen. In dieses Schema habe ich gerade die Daten einiger Bewerber eingetragen, um einen Überblick zu erhalten. Als ich mir nach den ersten drei Bewerbern die Liste anschaute, bin ich allerdings ordentlich erschrocken, Herr Lucas. Ich bin ganz verzweifelt.*
Lucas: *Wie das, Herr Mahlzahn?*
Mahlzahn: *Was da zunächst so gut aussah, entpuppt sich bei näherem Hinsehen als durchaus unerfreulich. Alle drei Bewerber, die ich in die Liste eingetragen habe, erfüllen nach meiner Auswertung nicht in allen Punkten unsere Anforderungen. Wenn das so weitergeht, stehen wir am Ende wieder bei null da. Das geht so nicht, Herr Lucas. Vielleicht mache ich doch irgendwas falsch. Diese Vorstellung beunruhigt mich sehr, Herr Lucas.*
Lucas: *Na ja, Herr Mahlzahn. Ich kann mir nicht vorstellen, dass Sie da Fehler machen könnten. Aber wenn es für Sie eine zusätzliche Sicherheit darstellen würde, so wäre ich auch gerne bereit, Ihre Eintragungen in die Liste zu überprüfen und die noch fehlenden Bewerber in die Liste zu übertragen.*
Mahlzahn: *Nein, Herr Lucas. Ich glaube ja auch nicht wirklich, dass ich da was falsch gemacht habe. Trotzdem würde ich doch auch gerne*

	auf Nummer sicher gehen. Deshalb würde ich Ihr Angebot schon gerne annehmen, Herr Lucas.
Lucas:	*Ja, gut, Herr Mahlzahn. Dann schlage ich vor, dass Sie mir Ihre Liste, so wie sie jetzt ist, zumailen. Parallel dazu können Sie mir die Bewerbungsunterlagen – am Besten als Kopie – per Post zuschicken. Ich werde dann Ihre Eintragungen überprüfen und die noch fehlenden Bewerber in die Liste übernehmen. Ich melde mich dann bei Ihnen, wenn die Liste vollständig ist. Ein paar Tage werde ich allerdings dafür benötigen, Herr Mahlzahn.*
Mahlzahn:	*Wunderbar, Herr Lucas. Da bin ich doch sehr erleichtert. Ich bin sicher, Sie werden das perfekt erledigen.*
Lucas:	*Ich danke Ihnen für das Vertrauen, das Sie mir entgegenbringen, Herr Mahlzahn. Ich werde mir jedenfalls die größte Mühe geben, dass Sie die vakante Stelle bestmöglich besetzten können.*
Mahlzahn:	*Ich habe zu danken, Herr Lucas. Und ich freue mich auf Ihren Anruf. Auf Wiederhören, Herr Lucas.*
Lucas:	*Auf Wiederhören, Herr Mahlzahn.*

Wenig später geht die E-Mail mit der Liste als Anhang bei Herrn Lucas ein. Er druckt die Liste aus und studiert sie.

Soweit er das auf den ersten Blick sehen kann, hat Herr Mahlzahn korrekt gearbeitet. Jedenfalls hat er an dem Schema nichts auszusetzen. Herr Mahlzahn hat sich exakt an die Checkliste gehalten und die dort aufgeführten Auswahlkriterien getreu umgesetzt. Ob die bisher vorgenommenen Eintragungen der drei Bewerber Bertram, Decker und Seeger korrekt vorgenommen sind, kann er aber erst beurteilen, wenn er deren Bewerbungsunterlagen vorliegen hat.

Bewerberliste

Formale Auswahlkriterien	Bertram	Decker	Gabler	Malschuk	Müller	Seeger	Schmitz
Schulabschluss	Mittlere Reife	Hauptschule				Abitur	
Berufsabschluss	Industriekaufm.	Einzelhandelskaufm.				Dipl. Betriebswirt (FH)	
Berufserfahrung gesamt	10 Jahre	17 Jahre				5 Jahre	
Einkaufserfahrung	8 Jahre	11 Jahre				2 Jahre	
Position	mittel	niedrig				mittel	
Führerschein	ohne	Kl. 2				Kl. 3	
Fachliche Auswahlkriterien							
Gesamteindruck	o.k.	negativ				o.k.	
Persönliche Auswahlkriterien							
Gesamteindruck	o.k.	o.k.				negativ	
Aktion							

Zwei Tage später erhält Herr Lucas per Post die von Herrn Mahlzahn zugesagten Kopien der Bewerbungsunterlagen. Es sind, wie Herr Lucas schon von der Bewerberliste weiß, noch sieben Bewerber im Rennen. Drei Bewerber, die schon auf den ersten Blick nicht in Betracht kamen, hat Herr Mahlzahn bereits ausgesondert. Sie sollen eine Absage erhalten.

Herr Lucas will sich zuerst mit den drei Bewerbern befassen, die bereits von Herrn Mahlzahn in die Liste übernommen wurden. Er geht deren Bewerbungsunterlagen durch und überprüft die von Herrn Mahlzahn vorgenommenen Eintragungen. Sie erweisen sich als vollkommen korrekt. Das hatte er auch nicht anders erwartet. Herr Mahlzahn hat keine Fehler gemacht.

Lucas ist trotzdem froh, dass Mahlzahn ihm die weitere Auswertung übertragen hat. Es ist ein wirklicher Vertrauensbeweis und es kann zur weiteren Vertiefung und Festigung seiner Geschäftsbeziehung zur Firma Nietnagel beitragen. Lucas weiß das durchaus zu schätzen. Schließlich lebt er davon und seine Agentur, von dem Vertrauen seiner Kunden. Die vertrauensvolle Zusammenarbeit mit den Betrieben – das weiß er - ist die wichtigste Grundlage seines beruflichen Erfolges.

2.4 Die engere Wahl

Arbeitsauftrag:
Studieren Sie gründlich die Bewerbungsunterlagen der weiteren vier Bewerber und Bewerberinnen. Vervollständigen Sie dann die Bewerberliste.
Tragen Sie zunächst nur die Daten zu den **formalen** Auswahlkriterien ein.

Überprüfen Sie dann die Bewerbungsunterlagen dieser Kandidaten hinsichtlich ihrer **fachlichen** und **persönlichen** Eignung. Prüfen Sie, ob die Kandidaten nach dem ersten Augenschein die fachlichen und persönlichen Kriterien für die Position erfüllen.

Entscheiden Sie auf dieser Grundlage, welche der sieben Kandidaten in die engere Wahl kommen und zum Vorstellungsgespräch eingeladen werden.

Gibt es unter den Kandidaten, die nicht in die engere Wahl kommen, evtl. welche, denen man nicht sofort absagen sollte, um sie in Reserve zu halten?

Nach einer guten Stunde ist Herr Lucas fertig mit der ersten Sichtung und Auswertung der Bewerbungsunterlagen. Die Formaldaten hat er in die Bewerberliste eingetragen, ebenso seinen ersten Eindruck der fachlichen und persönlichen Qualitäten. Hier hat er sich auf eine grobe Einschätzung beschränkt. Es geht zunächst ja nur um eine Vorauswahl, also um die Frage, wen man zum Vorstellungsgespräch einladen will. Eine abschließende Beurteilung der fachlichen und – mehr noch – der persönlichen Eignung kann ohnehin erst vorgenommen werden, wenn man die Bewerber auch persönlich kennen gelernt hat.

Lucas überprüft seine Liste noch einmal und schickt sie dann per E-Mail an Herrn Mahlzahn.

Kaum ist eine halbe Stunde vergangen, da läutet das Telefon. Herr Lucas nimmt den Hörer ab.

Lucas:	*Lucas, Agentur Lummerstadt, guten Tag.*
Mahlzahn:	*Hier Mahlzahn. Guten Tag, Herr Lucas. Gerade habe ich Ihre E-Mail erhalten mit der Bewerberliste. Vielen Dank. Das sieht ja nun doch ganz ordentlich aus. Da war meine Befürchtung, keine geeigneten Bewerber zu finden, ja wohl doch unbegründet. Die vier Kandidaten, die Sie zur Einladung vorschlagen, machen nun ja wirklich einen guten Eindruck. Da müssten wir die Stelle doch qualifiziert besetzen können.*
Lucas:	*Ja, Herr Mahlzahn, das sehe ich genau so. Das ist ein wirklich ausgezeichnetes Bewerberfeld, auf das wir hier zugreifen können. Da müsste es schon mit dem Teufel zugehen, wenn Ihnen der Erfolg versagt bliebe. Ich empfehle Ihnen allerdings, die Sache jetzt zügig durchzuziehen. Vor allem die Einladungen zu den Vorstellungsgesprächen sollten umgehend versandt werden, am Besten noch heute. Die Gefahr, dass Ihnen Kandidaten abspringen, nimmt mit jedem Tag zu. Wenn die Entscheidung über die Vorauswahl einmal getroffen ist, dann gilt es, keine Zeit zu verlieren. Zuwarten oder langes Zögern ist hier nur kontraproduktiv.*

Mahlzahn:	Da haben Sie wohl recht, Herr Lucas. Dann müsste ich also jetzt gleich die Briefe formulieren und wegschicken. Vorher muss ich allerdings mit Herrn Dr. Nietnagel die Termine für die Vorstellungsgespräche abklären. Unglücklicherweise haben wir gerade die Steuerprüfer im Hause, Herr Lucas. Sie können sich gar nicht vorstellen, was mir das als Prokurist für einen Stress verursacht. Nicht, dass unsere Bücher nicht in Ordnung wären. Da stehe ich natürlich gerade für, das ist alles tip-top. Aber ständig kommen die Herren mit Fragen und allen möglichen Wünschen zu mir. Meine ganze Arbeit bleibt mir liegen. Ich weiß gar nicht, wann ich auch noch diese Briefe formulieren soll. Ich kann ja nun nicht einfach die Vordrucke aus dem gewerblichen Bereich verwenden. Die passen hier ja überhaupt nicht. Was meinen Sie, Herr Lucas?
Lucas:	Nein, die sollten Sie hier lieber nicht verwenden. Das würde vielleicht keinen guten Eindruck machen. Aber ich mache Ihnen einen Vorschlag, Herr Mahlzahn. Es würde mir nicht viel Mühe bereiten, Ihnen Entwürfe für die drei Schreiben – Einladung, Absage, Zwischenbescheid – zu geben. Da habe ich ja nun einige Routine. Die könnte ich Ihnen in einer halben Stunde per E-Mail übermitteln. Den Rest kann dann Ihre Sekretärin erledigen.
Mahlzahn:	Das ist ein Angebot, Herr Lucas. Da sage ich nicht nein.
Lucas:	Gut, Herr Mahlzahn. Wie versprochen. In einer halben Stunde haben Sie die Schreiben.
Mahlzahn:	Haben Sie vielen Dank, Herr Lucas. Ich kläre derweil die Termine ab. Sie hören dann wieder von mir. Auf Wiederhören, Herr Lucas.
Lucas:	Auf Wiederhören, Herr Mahlzahn.

„Na, das läuft ja super", denkt sich Herr Lucas. Mit der Firma Nietnagel ist er inzwischen prächtig im Geschäft.

Er macht sich auch sofort daran, die Briefe zu entwerfen. Das geht flott. Die richtigen Formulierungen kennt er im Schlaf.

Arbeitsauftag:

Entwerfen Sie bitte ein Absageschreiben für die aussortierten Bewerber (Kategorie C), einen Zwischenbescheid für die Bewerber der Reserveliste (Kategorie B) und ein Einladungsschreiben für die Bewerber, die zum Vorstellungsgespräch eingeladen werden (Kategorie A).

Nach zwanzig Minuten ist Herr Lucas mit der Arbeit fertig. Er schickt die Entwürfe sofort per E-Mail an Herrn Mahlzahn.
Schon am nächsten Morgen meldet sich Herr Mahlzahn per Telefon bei ihm.

Lucas: *Lucas, Agentur Lummerstadt, guten Tag.*
Mahlzahn: *Guten Morgen, Herr Lucas, Mahlzahn. Ich darf mich herzlich bei Ihnen bedanken für Ihre schnelle Unterstützung gestern. Wir haben es also tatsächlich gestern Nachmittag noch geschafft, die Einladungen zu verschicken. Die Absagen und Zwischenbescheide sind heute früh zur Post gegangen.*
Lucas: *Freut mich, Herr Mahlzahn, dann geht es ja nun bald auf die Zielgerade.*
Mahlzahn: *Ja, Herr Lucas. Wir haben die Bewerber für Donnerstag kommende Woche eingeladen. Wir beginnen um 9.00 Uhr, damit diejenigen, die eine längere Anfahrt haben, pünktlich hier sein können. Wir werden dann am Vormittag eine erste Kennenlernrunde haben, mit Betriebsbesichtigung. Nachmittags wollen wir mit Einzelgesprächen weitermachen. Schon am Freitag soll dann die Entscheidung fallen.*
Lucas: *Sehr gut, Herr Mahlzahn. Sie machen ordentlich Tempo. Da ist die Gefahr, dass Kandidaten abspringen, gering. Wer wird die Gespräche führen?*
Mahlzahn: *Deshalb rufe ich Sie an, Herr Lucas. Die Leitung der Gespräche wird natürlich Herr Dr. Nietnagel haben. Und er lässt fragen, ob Sie an den beiden Tagen evtl. die Möglichkeit hätten, an den Gesprächen teilzunehmen, als stiller, sachkundiger Beobachter gewissermaßen. Herr Dr. Nietnagel hält große Stücke auf Sie, wissen Sie? Mit Ihrer bisherigen Arbeit ist er sehr zufrieden und er*

	würde es sehr begrüßen, wenn Sie uns auch bei der Auswahlentscheidung beraten und unterstützen könnten.
Lucas:	*Nun, Herr Mahlzahn, das ehrt mich natürlich sehr, dass Sie und Herr Dr. Nietnagel mich derart ins Vertrauen ziehen. Ich glaube schon auch, dass die Einbeziehung eines neutralen externen Beobachters in die Auswahlgespräche sehr nützlich sein kann.*
	Wenn ich es terminlich irgendwie einrichten kann, möchte ich Ihr Angebot also auf jeden Fall annehmen. Geben Sie mir gerade ein paar Sekunden Zeit, meine Termine zu checken.
	(nach einer kurzen Pause)
	So, Herr Mahlzahn. Also, das müsste gehen. Ich habe wohl an beiden Tagen einige Termine, da ist aber nichts drunter, was ich nicht noch verlegen könnte. O.k. Zugesagt. Ich werde teilnehmen.
Mahlzahn:	*Prächtig! Ich freue mich, Herr Lucas. Wir sind bestimmt ein gutes Team.*
Lucas:	*Ja, Herr Mahlzahn, davon bin ich überzeugt. Ich freue mich auch. Dann also bis kommenden Donnerstag.*
Mahlzahn:	*Bis Donnerstag dann, Herr Lucas. Auf Wiederhören.*

Als Lucas den Hörer auflegt, spürt er, dass ihm die Hände etwas zittern. Er ist - nach außen cool wie immer - innerlich doch ziemlich aufgewühlt nach diesem Telefonat. Das hätte er sich nicht zu träumen gewagt, dass einer der bedeutendsten Industriebetriebe der Region ihn - ausgerechnet ihn, den frisch gebackenen Personalvermittler, der gerade vor ein paar Wochen erst sein Studium beendet hat - derart ins Vertrauen zieht. Man muss dazu wissen, dass viele Betriebe es überhaupt ablehnen, Externe in irgendeiner Form bei der Personalauswahl zu beteiligen. Das geht vielen doch zu sehr ans ‚Eingemachte'. Da lässt man sich lieber nicht in die Karten schauen. Für Herrn Lucas ist das natürlich ein riesiger Erfolg. Wenn er das gut bis zum Ende bringt, steht die erste Beförderung außer Frage. Und er ist entschlossen, seine Chance zu nutzen. Er beschließt, sich auf die Vorstellungsrunde bei Nietnagel gründlich vorzubereiten.

Nach einigem Grübeln entscheidet er sich für ein gestuftes Vorgehen. Wenn er sich ernsthaft mit den Bewerbern auseinandersetzen will, so seine Einsicht, muss er zunächst klären, worauf er achten muss. Genau die Frage, die ihm zuvor schon von Herrn Mahlzahn bei der Vorauswahl gestellt wurde, steht nun erneut im Raum. Bei der Vorauswahl war die Sache insofern natürlich relativ einfach, weil man sich überwiegend auf die Formalkriterien stützen konnte. Die fachlichen und persönlichen Auswahlkriterien spielten dort nur eine nachrangige Rolle. Es ging lediglich darum, ungeeignete Bewerber aufzuspüren und von dem weiteren Verfahren auszuschließen.

Hier jetzt lag der Fall aber ganz anders. Die eingeladenen Bewerber hatten alle die formalen Hürden bereits genommen. Für das weitere Auswahlverfahren haben die Formalkriterien infolgedessen keine vorrangige Bedeutung mehr. Es muss sich folglich mehr auf die fachlichen und die persönlichen Auswahlkriterien stützen. Es ist also notwendig, in einem ersten Schritt diese Auswahlkriterien zu bestimmen und entsprechende Checklisten zu erarbeiten. Lucas nimmt sich also das Anforderungsprofil vor, um auf dieser Basis seine Checklisten zu entwerfen.

Dabei fällt ihm auf, dass die fachlichen Qualifikationen in der Mehrzahl aus den schriftlichen Bewerbungsunterlagen zu ersehen sind. Sie sind ja entweder über die Aus- und Weiterbildung oder durch die Berufspraxis und -erfahrung entstanden. Die persönlichen Qualitäten der Bewerber hingegen sind im Allgemeinen anhand der schriftlichen Unterlagen kaum zu erkennen. Dazu bedarf es des persönlichen Kontaktes mit den Bewerbern.

2.5 Die Feinanalyse

So beschließt Lucas, zwei Checklisten zu erstellen: eine für die Analyse der schriftlichen Bewerbungsunterlagen, überwiegend zur Erfassung der fachlichen Eignung und eine zur Beobachtung und Analyse der Vorstellungsgespräche, überwiegend zur Erfassung der persönlichen Eignung der Bewerber.

Arbeitsauftrag:

Entwerfen Sie eine Checkliste für die Feinauswertung der schriftlichen Bewerbungsunterlagen. Worauf ist im Hinblick auf die fachliche Eignung der Bewerber zu achten. Gibt es darüber hinaus Aspekte, die auf die persönliche Eignung schließen lassen.

Checkliste zur Feinanalyse
der schriftlichen Bewerbungsunterlagen

Fachliche Auswahlkriterien

Persönliche Auswahlkriterien (soweit ersichtlich)

Als Lucas die Checkliste fertig gestellt hat, greift er sich die erste Bewerbungsmappe und schlägt sie auf: Anschreiben, Lebenslauf, Schulzeugnisse, Arbeitszeugnisse etc. Alles sehr ordentlich. Er beginnt, den Brief zu lesen, hält aber nach ein paar Zeilen wieder inne. Gut und schön, denkt er. Nur einfach lesen, bringt ja nichts. Worauf soll ich denn achten? Welche Informationen kann ich erwarten, etwa vom Bewerbungsbrief oder vom Lebenslauf oder den Arbeitszeugnissen? Was ist relevant, was ist unbedeutend?

Bevor er sich weiter in die Bewerbungsmappe vertieft, will er also doch zuerst einmal darüber nachdenken und überlegen, worauf es bei den einzelnen Elementen der Bewerbungen ankommt, unter welchem Gesichtspunkt er beispielsweise den Brief oder den Lebenslauf analysieren soll.

Arbeitsauftrag

Wofür sind die einzelnen Teile einer Bewerbung gut? Arbeiten Sie heraus, welche Informationen man aus dem Anschreiben, dem Lebenslauf, den Schulzeugnissen und den Arbeitszeugnissen gewinnen kann.

Worauf ist hierbei zu achten?

Wie ist die Aussagekraft einzuschätzen?

Wie können Fehlinterpretationen vermieden werden?

Informationsgehalt und Nutzung der schriftlichen Bewerbungsunterlagen

Welche Informationen können aus .... gewonnen werden?

Worauf ist hierbei zu achten?

Wie ist die Aussagekraft einzuschätzen?

Wie können Fehlinterpretationen vermieden werden?

Herr Lucas hat erkannt, dass die einzelnen Bestandteile der Bewerbungen sehr unterschiedlich in Ihrer Aussagekraft und ihren Nutzungsmöglichkeiten bei der Personalauswahl sind. Das ist ja auch wichtig, dass die Bewerber anhand der verschiedenen Unterlagen eben auch aus verschiedener Perspektive betrachtet werden können. Alle Unterlagen sind also wichtig und tragen zum Gesamtbild bei, jede aber auf ihre ganz eigene Weise.

Als Herr Lucas jetzt wieder die Bewerbungsmappe in die Hand nimmt, merkt er sehr schnell, dass ihm die Analyse nun sehr viel leichter von der Hand geht als vorher. Er muss nicht lange überlegen, er weiß jetzt, worauf er zu achten hat.

Arbeitsauftrag:

Analysieren Sie die Bewerbungsunterlagen der vier eingeladenen Bewerber differenziert und gründlich nach den Kriterien der zuvor erarbeiteten Checkliste. Berücksichtigen Sie sämtliche eingereichten Unterlagen. Tragen Sie die Ergebnisse Ihrer Analyse in die folgende Bewerberübersicht ein.

Analyseergebnisse der schriftlichen Bewerbungsunterlagen

	Gabler	Malschuk	Müller	Schmitz
Fachliche Auswahlkriterien				
Allg. kaufmännische Qualifikation				
Spez. kaufmännische Qualifikation				
Kommunikative Fähigkeiten				
Rechtskenntnisse				
Techn. Kenntnisse/ Warenkunde				
Persönliche Auswahlkriterien				
Selbständigkeit				
Belastbarkeit				
Techn. Verständnis				
Mobilität				
Bemerkungen				

Würde es nur nach den schriftlichen Unterlagen gehen, dann hätte Lucas jetzt einen klaren Favoriten. Aber er weiß nur zu genau, dass man sich vor vorschnellen Festlegungen hüten muss. Bei den Vorstellungsgesprächen mit den Bewerbern kann es noch manche Überraschung geben, im Positiven wie im Negativen. Solange man die Bewerber nicht gesehen und mit ihnen gesprochen hat, ist also Zurückhaltung angesagt. Er beschließt daher auch, Herrn Mahlzahn vorerst nicht über seine Analyseergebnisse zu informieren. Er wird sie zur richtigen Zeit und in der angemessenen Form präsentieren.

2.6 Lucas bereitet sich vor

Der nächste Schritt ist nun die Vorbereitung auf seine Rolle als stiller Beobachter bei den Vorstellungsgesprächen. Es ist ihm nur recht, dass er nicht aktiv in das Gesprächsgeschehen einbezogen wird. So kann er sich ganz auf die Beobachtung der Bewerber konzentrieren. Und im Übrigen: wenn er nicht selbst das Gespräch führt, trägt er auch keine Verantwortung, wenn etwas schief läuft. Und trotzdem ist er mit von der Partie. „Wunderbar. Dabei sein, ist alles", denkt er.

Die Frage ist auch hier wieder, worauf ist zu achten? Nur dabei sitzen und zuhören und zuschauen, bringt nichts. Er muss wissen, worauf er achten muss, sonst entgeht ihm das Wichtigste.

Er beschließt daher, auch für die Beobachterfunktion eine Checkliste zu erstellen mit den Aspekten, die besondere Aufmerksamkeit verdienen. Er geht auch diesmal von dem Anforderungsprofil aus. Er weiß, dass bei der Analyse von Vorstellungsgesprächen stärker die persönlichen Merkmale der Bewerber im Vordergrund stehen. Zwar kann man auch ihre fachlichen Kenntnisse hinterfragen, das ist aber eher ein Nebenaspekt. In erster Linie ist das Vorstellungsgespräch eine Gelegenheit, die Bewerber persönlich kennen zu lernen und sich ein Bild von ihrer Persönlichkeit zu machen: das beginnt mit der äußeren Erscheinung, umfasst ihr Verhalten, die Gestik, die Mimik, die Körpersprache, aber auch ihre Meinungsäußerungen und Gefühlsregungen, Einstellungen und Werthaltungen, die zum Ausdruck kommen und eben auch Charaktereigenschaften, auf die man evtl. rückschließen kann. Lucas nimmt das Anforderungsprofil zur Hand und beginnt, eine Checkliste für die Analyse der Vorstellungsgespräche zu erstellen.

Checkliste
für die Analyse der Vorstellungsgespräche

Persönliche Auswahlkriterien

Fachliche Auswahlkriterien

Arbeitsauftrag:

Erstellen sie bitte, ausgehend von dem Anforderungsprofil, eine Checkliste für die Auswertung der Vorstellungsgespräche. Thematisieren Sie dort vor allem die persönlichen Merkmale der Bewerber.

Nachdem Lucas nun weiß, auf welche Persönlichkeitsaspekte er achten muss, überlegt er, wie er die Gesprächsbeobachtung rein technisch bewältigen kann. Es scheint ihm nicht möglich, während des Gespräches oder auch im Nachhinein direkt eine Bewertung nach den Kriterien der Checkliste vorzunehmen. Dazu ist die Gesprächssituation zu komplex. Er braucht für seine Beobachtungen eine Struktur, eine Art Leitfaden oder Protokollbogen, der einfach zu handhaben ist. Dann könnte er sicher sein, nichts Wichtiges zu übersehen. Das könnte ihm seine Aufgabe erheblich erleichtern. Lucas schickt sich an, einen Protokollbogen zu erarbeiten.

Arbeitsauftrag:

Erstellen Sie einen einfachen Protokollbogen, mit dessen Hilfe die Beobachtung der Vorstellungsgespräche strukturiert und die Dokumentation vereinfacht und vereinheitlicht wird.

2.7 Lucas als stiller Beobachter

Lucas hat seit dem Telefonat vor einer Woche nichts mehr von Herrn Mahlzahn gehört. Am Donnerstag morgen schaut er noch mal seine Unterlagen durch, richtet seinen Aktenkoffer und fährt raus zur Firma Nietnagel. Zehn Minuten vor neun kommt er an. Er betritt das Gebäude, geht zum Zimmer von Herrn Mahlzahn, klopft an und tritt ein.

Lucas: *Guten Morgen, Herr Mahlzahn. Darf ich eintreten?*
Mahlzahn: *Guten Morgen, Herr Lucas. Natürlich, treten Sie ein. Schön Sie zu sehen.*
(Händeschütteln)
Nehmen Sie doch Platz, wir haben ja noch ein wenig Zeit.

Lucas:	*Danke! Ja, ich bin schon sehr gespannt auf die Kandidaten. Sind schon welche da?*
Mahlzahn:	*Ich glaube, ja. Wir werden das gleich sehen. Herr Dr. Nietnagel wird die Kandidaten in seinem Zimmer empfangen und kurz begrüßen. Frau Becker, die Sekretärin, wird die Bewerber dann hierher führen. Von hier aus starten wir dann zum Rundgang durch den Betrieb. Sie können bei dieser Gelegenheit die Kandidaten beobachten. Ich werde, da ich ja alles zeigen und erklären muss, dazu wenig Gelegenheit haben. Und außerdem: Vier Augen sehen mehr als zwei.*
Lucas:	*Ja, sehr gut, Herr Mahlzahn, ich bin bereit.*

Arbeitsauftrag:
Lesen Sie den nachfolgenden Text, ggf. als Rollenspiel, und diskutieren Sie die Dialoge und Anmerkungen im Hinblick auf die Eignung der Kandidaten. Verwenden Sie zur laufenden Dokumentation des Gelesenen den Protokollbogen, den Sie selbst erarbeitet haben.

Während Lucas und Mahlzahn sich in dessen Büro weiter unterhalten, sitzen Frau Gabler und Frau Malschuk sowie die Herren Müller und Schmitz im Vorzimmer bei der Sekretärin, Frau Becker, und warten auf Herrn Dr. Nietnagel.[1]

Punkt 9.00 Uhr bittet die Sekretärin die Damen und Herren ins Chefzimmer.

Frau Becker:	*Meine Damen und Herren, Herr Dr. Nietnagel erwartet Sie. Treten Sie bitte ein.*
Hr. Nietnagel:	*Guten Tag, meine Damen und Herren! Ich freue mich, Sie kennen zu lernen. Aus den Unterlagen sind Sie mir ja bereits bestens bekannt. Nehmen Sie bitte Platz.*

---

[1] Eigene Bearbeitung der Dialoge in Anlehnung an Esso-Betriebspraxis: Der neue Betriebsleiter, o.O.o.J.

Die Sessel sind so aufgestellt, dass Herr Dr. Nietnagel an seinem Schreibtisch sitzt bleibt und die Bewerber vor sich hat.

Hr. Müller:	*Gestatten Sie, dass ich rauche?*
Hr. Nietnagel:	*Ich bin zwar Nichtraucher, aber bitte.*

Müller steckt sich eine Zigarette an.

Hr. Nietnagel:	*Meine Damen und Herren, ich möchte Ihnen etwas über meinen Betrieb erzählen, damit Sie wissen, womit Sie es zu tun haben. Sehen Sie, diese Firma wurde 1883 von meinem Ur-Ur-Großvater gegründet. Sie war früher ein kleiner Handwerksbetrieb, der vor allem handgeschmiedete Hufnägel und Nieten fertigte, später wurde auch die Herstellung von Bolzen aufgenommen. Nach mehr als 100 Jahren ist die Nietnagel GmbH u. Co. KG zu einem führenden Hersteller von Verbindungselementen, also von Nieten und Bolzen, in Lummerland aufgestiegen, die auch über die nationalen Grenzen hinaus beachtliches Ansehen genießt. Sie können sich ein eigenes Bild des Unternehmens machen, wenn Sie einen Rundgang durch die Hallen machen. Bitte Herr Müller, Sie wollten etwas sagen?*
Hr. Müller:	*Sagen Sie Herr Nietnagel, warum haben Sie die Position ausgeschrieben?*
Fr. Gabler:	*Wer hat den Job denn vorher gemacht?*
Hr. Nietnagel:	*Der bisherige Stelleninhaber ist ausgeschieden.* (nach kurzer Pause) *Sehen Sie, wie ich Ihnen bereits geschildert habe, hat sich unser Unternehmen gut entwickelt. Wir haben uns laufend vergrößert. Wir mussten und müssen uns den aktuellen Marktgegebenheiten anpassen. Dazu bedarf es gut ausgebildeter Mitarbeiter. Hier kommen Sie nun ins Spiel.* *Ich habe nun gedacht, Sie von meinem kaufmännischen Leiter, Herr Mahlzahn, durch den Betrieb führen zu lassen. Wir haben dann anschließend Gelegenheit, in einem persönlichen Gespräch über Ihre Eindrücke zu diskutieren. Frau*

	Becker! Bringen Sie die Damen und Herren bitte zu Herrn Mahlzahn!
Fr. Becker:	*Würden Sie mir bitte folgen.*
Fr. Malschuk:	*Frau Becker, was ist Ihr Chef eigentlich für ein Mann? Es scheint mir, als wäre er sehr autoritär. Pflegt er auch einen solchen Führungsstil?*
Fr. Becker:	*Herr Dr. Nietnagel ist ein sehr zuvorkommender Vorgesetzter! Ich und alle Belegschaftsmitglieder schätzen ihn sehr.*

Währenddessen haben sie das Büro von Herrn Mahlzahn erreicht.

Fr. Becker:	*Herr Mahlzahn, ich bringe Ihnen hier die Damen und Herren. Der Chef hat ja bereits mit Ihnen gesprochen.*
Hr. Mahlzahn:	*Guten Tag, meine Damen und Herren! Darf ich Sie bitten, mir zu folgen.*

Die Gruppe geht entlang der Büros in die Fabrik.

Fr. Gabler:	*Sagen Sie mal, welche Funktion haben Sie hier genau?*
Hr. Mahlzahn:	*Mir untersteht der gesamte kaufmännische Bereich, so dass ich Ihr direkter Vorgesetzter wäre.*

Nach einer Weile.

	Das hier ist nun die Bolzenproduktion. Zur Zeit haben wir für etwa 10 Monate Aufträge. Hier arbeiten 32 der 53 Mitarbeiter. Wir sind zufrieden mit der Auslastung der Maschinen. Andere Mitbewerber dürften keine so gute Auftragslage haben.
Hr. Müller:	*Die Maschinen sind wohl noch vom Ur-Ur-Großvater angeschafft worden, nicht wahr?*
Hr. Mahlzahn:	*Es sind Rationalisierungsinvestitionen geplant. Wir müssen mit der Zeit gehen und die daraus resultierenden Effizienzgewinne nutzen, um unsere Position am Markt nicht zu gefährden. Wir wollen schließlich Marktführer bleiben, aber in diesem Zusammenhang müssen wir uns auch von drei*

	Mitarbeitern trennen. Die werden aufgrund der neuen Maschinen dann einfach nicht mehr benötigt.
Hr. Schmitz:	Wie viel Mann gehören zu den Abteilungen?
Hr. Mahlzahn:	Zum gewerblichen Bereich 43, 10 in der Verwaltung.
Hr. Schmitz:	Bilden Sie auch aus?
Hr. Mahlzahn:	Unregelmäßig, momentan haben wir je einen Azubi im kaufmännischen und gewerblichen Bereich. Geplant ist, dass wir mit Ihrer Unterstützung vor allem im kaufmännischen Bereich noch ein oder zwei Azubis mehr einstellen, da wir dort in einigen Jahren einen erhöhten Personalbedarf sehen.
Hr. Schmitz:	Ich sehe hier bei Ihnen – mit Verlaub Herr Mahlzahn – relativ viele ältere Mitarbeiter. Sehe ich das richtig?
Hr. Mahlzahn:	Das haben Sie richtig erkannt, Herr Schmitz. Auch deshalb wollen wir künftig einen stärkeren Fokus auf die Ausbildung legen. Wir brauchen eine Verjüngung der Belegschaft.
Hr. Schmitz:	Das stimmt, eine ausgewogene Altersstruktur ist in einem Betrieb ein immens wichtiger Erfolgsgarant.
Hr. Mahlzahn:	Haben Sie weitere Fragen?
Fr. Malschuk:	Herr Mahlzahn, Sie wären ja unser direkter Vorgesetzter. Wie ist Ihr Führungsstil?
Hr. Mahlzahn:	Das ist aber eine direkte Frage, Frau Malschuk. Aber ich mag direkte Fragen, ohne lang um den heißen Brei herum zu reden. Wie Sie merken, bin ich ein sehr offener Mensch. Ich denke, dass ich einen kooperativen Führungsstil pflege. Ich frage gerne meine Mitarbeiter nach Ideen. Die sind immer gerne willkommen. Auch meine Tür steht Ihnen sprichwörtlich immer offen. Aber natürlich müssen letztlich auch Entscheidungen gefällt werden. Wenn es Ihre Kompetenz überschreitet, übernehme ich das selbstverständlich.
Hr. Müller:	Sie sprachen gerade von Kompetenz Herr Mahlzahn. Welche Kompetenzen bekommt denn der neue Stelleninhaber?
Hr. Mahlzahn:	Diese Frage soll Ihnen Herr Dr. Nietnagel beantworten. Nur so viel dazu: Ich bin ein Freund von eigenverantwortlichem Arbeiten. Dazu gehört selbstverständlich auch eine gewisse Entscheidungsbefugnis.

Fr. Gabler:	*Sagen Sie Herr Mahlzahn. Warum ist der alte Stelleninhaber eigentlich gegangen? Gab es Ärger?*
Hr. Mahlzahn:	*Herr Knopf, der bisherige Stelleninhaber, hatte fristgerecht gekündigt. Er war über 10 Jahre hier. Ich denke, er wollte sich einfach mal verändern. Vielleicht hat er auch eine höhere Position irgendwo angeboten bekommen. Ich weiß es nicht. Aber er war eine gute Kraft. Das gleiche erwarte ich von Ihnen.*
Hr. Schmitz:	*Haben Sie eine Werkskantine?*
Hr. Mahlzahn:	*Nein, leider nicht! Die Leute müssen ihr Essen selber mitbringen. Der Gasthof gegenüber bietet auch täglich ein preiswertes Stammessen an. Einige essen dort. Ich esse abends warm. Daran kann man sich ja auch gewöhnen. Aber für die Zukunft eine interessante Idee.*

Mittlerweile sind sie am Ende der Führung angekommen und betreten wieder durch eine Glastür die Büroräume, wo Frau Becker schon wartet.

Fr. Becker:	*Herr Dr. Nietnagel lässt sich für einen Augenblick entschuldigen. Nehmen Sie bitte im Besprechungszimmer Platz. Ich habe einen Kaffee vorbereitet. Sie trinken doch eine Tasse?*

Nach einer guten halben Stunde erscheint Herr Dr. Nietnagel.

Hr. Nietnagel:	*Entschuldigen Sie bitte meine Verspätung. Ein wichtiger Anruf eines Großkunden. Sie verstehen?! Wie ich sehe, haben Sie den Rundgang beendet. Ich hoffe, Sie haben einen guten Eindruck von unserem Betrieb gewonnen. Ich will Sie aber jetzt noch nicht nach Ihren Eindrücken fragen. Wir sehen uns ja heute Nachmittag wieder, so dass Sie noch etwas Zeit haben zur Reflexion. Ich möchte von Ihnen dann heute Nachmittag eine ehrliche Meinung über meinen Betrieb hören, weiterhin sollten Sie mir kurz umreißen, welche Vorstellung Sie zu Ihrer künftigen Position haben. Ich darf mich dann jetzt verabschieden. Bis heute Nachmittag.*

Nachmittags, 13.00 Uhr.

Hr. Müller:	*Guten Tag, Fr. Becker. Ist Herr Dr. Nietnagel schon da? Würden Sie mich bitte anmelden?*
Fr. Becker:	*Ja, Sie werden schon erwartet. Treten Sie bitte direkt ein.*

Herr Dr. Nietnagel steht auf und geht Herrn Müller entgegen. Nach der Begrüßung nehmen beide an einem runden Tisch Platz, an dem bereits Herr Lucas und Herr Mahlzahn sitzen.

Hr. Nietnagel:	*Nehmen Sie bitte Platz, Herr Müller. Die Herren kennen Sie ja schon. (zeigt auf Lucas und Mahlzahn)* *Nun, Herr Müller, was halten Sie von unserem Betrieb? Aber sagen Sie mir bitte vorher, weshalb wollen Sie Ihre jetzige Stellung aufgeben?*
Hr. Müller:	*Ja, ich will und muss mich verändern. Meine Tätigkeit befriedigte mich nicht mehr, außerdem wurde unser Unternehmen verkauft, so dass dies der richtige Zeitpunkt für eine neue Herausforderung ist. Als Leiter Materialwirtschaft habe ich einen guten Job. Aber unter der neuen Unternehmensleitung soll mittelfristig diese Position eingespart werden. Sie sehen ja anhand meines Lebenslaufes, dass ich schon immer bei dieser Firma war. Ich denke, auch deshalb würde mir ein Tapetenwechsel mal gut tun. Neue Abläufe, neue Kollegen, aber vor allen Dingen neue Herausforderungen. Ja, ich denke, Herr Dr. Nietnagel, es wird Zeit für einen Wechsel.*
Hr. Nietnagel:	*Herr Müller, Sie meinen, man sollte also nicht bei dem Betrieb in Rente gehen, bei dem man bereits die Ausbildung absolviert hat.*
Hr. Müller:	*Ja, genau, Herr Dr. Nietnagel, dass meine ich. Sehen Sie, bei Köchen z. B. ist es ja auch gewünscht, dass man öfters wechselt. Ich denke auch, dass man an Aufgaben und Herausforderungen wachsen kann. Ich denke, ich könnte hier viel Positives meiner alten Beschäftigung mit einbringen.*
Hr. Nietnagel:	*Herr Müller, wie sind Ihre Vorstellungen zum Gehalt etc.?*
Hr. Müller:	*Ich denke, da würden wir uns schon einig werden. Geld ist für mich sicherlich wichtig, aber auch andere Dinge sind*

	mir wichtig. Wie gesagt, ich möchte mich verändern, suche eine neue Herausforderung. Ich möchte auch gerne selbständige Entscheidungsbefugnisse, ein gutes Arbeitsklima ist mir auch wichtig. Das Gesamtpaket sollte halt stimmen.
Hr. Nietnagel:	*Schön zu hören. Ich denke bei Ihrer Qualifikation könnte ich Ihnen 3.400 €/Monat anbieten.*
Hr. Müller:	*Das hört sich gut an.*
Hr. Nietnagel:	*Das kann sich je nach Geschäftserfolg auch noch erhöhen. Ich denke, ein gutes Arbeitsklima haben wir bereits. Aber ich bin auch anderen weiteren Verbesserungen im täglichen Miteinander aufgeschlossen.*
Hr. Müller:	*Wie sieht es mit Entwicklungsmöglichkeiten aus?*
Hr. Nietnagel:	*Vielmehr nach oben geht's ja nicht.* (Nietnagel lacht laut) *Aber im Ernst, Herr Mahlzahn, ihr direkter Vorgesetzter ist 52 Jahre alt. Da muss ich Ihnen ehrlich sagen, er wird wohl seine Arbeit noch bis zur Rente bei uns machen. Daher sind erst mal keine Entwicklungsmöglichkeiten gegeben. Aber finden Sie sich erst mal in die neue Position, wenn ich Sie einstelle. Dies wird ja auch sicherlich einige Zeit benötigen. Dann kann man immer noch weiter sehen. Und was kann ich sonst so von Ihnen erwarten, Herr Müller?*
Hr. Müller:	*Sehen Sie Herr Dr. Nietnagel: Ich bin Single, das heißt, dass ich zu Hause nicht erwartet werde. Ich arbeite gerne lang. Wenn's sein muss auch bis tief in die Nacht. Mir macht meine Arbeit Spaß, ich arbeite gern und ich denke, das merkt man auch. Ich bin zudem flexibel, teamfähig und auch mobil.*
Hr. Nietnagel:	*Bei so vielen Vorzügen trau ich mich ja fast gar nicht nach ihren Schwächen zu fragen. Ich tu's aber mal!*
Hr. Müller:	*Hmm, das ist natürlich eine schwierige Frage, wenn Sie mich so direkt fragen: ich bin ja sehr ehrgeizig, wie sie wissen, vielleicht auch mal zu ehrgeizig. Dann kann ich schon mal laut werden, wenn mir was nicht passt.*
Hr. Nietnagel:	*Dann wollen wir mal hoffen, dass das nicht allzu oft vorkommt.* (Nietnagel lacht).

> *Dann habe ich auch keine Fragen mehr. Herr Müller, es hat mich sehr gefreut und ich bedanke mich für das Gespräch. Sie werden in jeden Fall von mir hören. Auf Wiedersehen, Herr Müller!*

Herr Müller kassiert seine Auslagen bei Frau Becker und fährt mit einem Taxi zum Bahnhof.

Frau Gabler ist für 14.00 Uhr bestellt. Ab 13.40 Uhr sitzt Frau Gabler im Vorzimmer.

Fr. Gabler:	*Wie geht es Ihnen, Fr. Becker?*
Fr. Becker:	*Danke, man hat eben seine Arbeit und zur Zeit ist hier Hochbetrieb.*
Fr. Gabler:	*Ihr Chef ist wohl auch voll im Einsatz, nicht wahr? Wie ist er denn heute aufgelegt? Das ist doch wichtig zu erfahren. Man möchte doch einen angenehmen Eindruck hinterlassen.*
Fr. Becker:	*Ich glaube, Herr Dr. Nietnagel ist gerade hereingekommen.*

Herr Dr. Nietnagel ruft über die Sprechanlage, falls Frau Gabler schon da wäre, solle sie eintreten. Frau Gabler betritt das Chefzimmer.

Hr. Nietnagel:	*Guten Tag, Frau Gabler. Bitte nehmen Sie Platz, die beiden Herren kennen Sie ja schon. Wie geht es Ihnen? Haben Sie Ihre Eindrücke verdaut? Wie war Ihr Eindruck?*
Fr. Gabler:	*Selbstverständlich, Herr Dr. Nietnagel. Grundsätzlich möchte ich vorwegschicken, dass mir Ihr Betrieb sehr gut gefällt. Der Rundgang mit Herrn Mahlzahn war sehr aufschlussreich. Ich glaube, wir würden gut zusammen passen. Wissen Sie, in meiner jetzigen Stellung hatte ich das volle Vertrauen meines Vorgesetzten.*
Hr. Nietnagel:	*Welche Funktion hatten Sie noch gleich in Ihrer Firma?*
Fr. Gabler:	*Ich war Sachbearbeiterin bei der Karosseriebau Schwarz GmbH. In dieser Position war ich seit über acht Jahren erfolgreich tätig. Selbstverständlich bin ich mit den Methoden der modernen IT-Technologie und Verhandlungsführung bestens vertraut. Ich habe mich in Abendkursen auf diese besonderen Inhalte spezialisiert. Insbesondere die Metho-*

	denkompetenz bei Verhandlungen ist mir geläufig. Ich denke, eine wichtige Kompetenz für die Position des Einkäufers.
Hr. Nietnagel:	Sehr schön, Frau Gabler. Aber mich würde jetzt interessieren, wie Sie meinen Betrieb sehen.
Fr. Gabler:	Wie meinen Sie das? Aha, verstehe. Ich habe nur einen kleinen Einblick in Ihre Abteilungen machen können. Aber, ich muss sagen, hier wird was geleistet. Aber das muss ja auch sein. So ein Betrieb muss derart geleitet werden, dass keine Nahtstelle zu erkennen ist. Alles muss Hand in Hand gehen. Nur so ist ein effektives und effizientes Wirtschaften möglich. Als ich neulich im Tennisclub erzählte, dass ich mich bei Ihnen beworben hätte – äh, ich hörte sie spielen auch Tennis – sagte mein Doppelpartner, Herr Kuntz „Die Firma kenne ich, die entwickelt sich gut. Vom kleinen Betrieb hin zu einer nationalen Unternehmung". Ach ja, zu Ihrem Betrieb... Ich muss sagen: Auf den ersten Blick gute Mitarbeiter, die sie da haben. Auch vom Alter her. Hier gibt es viel Erfahrungswissen. Ich denke, dass heutzutage ältere Arbeitnehmer unterschätzt werden. Sie sind viel wertvoller und produktiver, als man landläufig denken mag.
Hr. Nietnagel:	Wie sind denn Ihre Gehaltsvorstellungen?
Fr. Gabler:	Also, ich stelle mir ein Gehalt von 4000 €/Monat vor. Dazu Gewinnbeteiligung, sowie Urlaubs- und Weihnachtsgeld. Außerdem denke ich, dass zu einer solchen Position ein Firmenwagen gehört.
Hr. Nietnagel:	Das ist ja ganz schön üppig. Ich hatte eher an bis zu 3.400€/Monat gedacht. Über Weihnachts- und Urlaubsgeld so wie eine kleine Gewinnbeteiligung lass ich ja mit mir reden. Aber einen Firmenwagen? Da muss ich sie enttäuschen, Fr. Gabler. Das gibt die Position nicht her.
Fr. Gabler:	Aber, Herr Dr. Nietnagel, meinen Sie nicht, dass zur Position eines Einkäufers auch ein Firmenwagen gehört? Immerhin muss man auch mal zum Kunden rausfahren.
Hr. Nietnagel:	Da haben Sie recht, dass man auch zum Kunden rausfahren muss. Aber Sie haben doch sicherlich einen eigenen Pkw. Da erstatte ich Ihnen die Fahrkosten. So haben wir das bisher immer gehandhabt.

Fr. Gabler:	Ja, aber ich habe keinen Pkw.
Hr. Nietnagel:	Hm, dann müssten wir mal schauen, wie man das machen kann. Mal sehen. Frau Gabler, ich darf mich dann für heute von Ihnen verabschieden. Sie wissen, dass ich mich nicht sofort entscheiden kann. Ich möchte zunächst mit allen Bewerbern gesprochen haben. Sie hören aber in jedem Fall von uns. Vielen Dank. Auf Wiedersehen!

Nachmittags gegen 15.00 Uhr.

Fr. Becker ordnet die Post auf dem Schreibtisch von Herrn Dr. Nietnagel und legt den Terminkalender gut sichtbar für Herrn Dr. Nietnagel auf den Tisch. Dabei fällt ihr ein Lebenslauf eines ehemaligen Mitarbeiters namens Großkreutz auf. Er war vor ein paar Jahren von Nietnagel weggegangen. Dieser Herr Großkreutz hatte in der Zwischenzeit eine verantwortliche Position in einem ähnlichen Betrieb gehabt und gehört, dass nunmehr ein Einkäufer gesucht wird und hat sich nun beworben.

Fr. Becker geht in ihr Büro und ruft den ihr recht gut bekannten Herrn Großkreutz an. In dem Gespräch erfragt sie, ob sich Herr Großkreutz auf die Stelle des Einkäufers beworben habe. Als er dies bejahte, teilte sie ihm mit, dass bereits vier Bewerber in die engere Wahl gezogen seien. Sollte ihm an der Stelle liegen, müsse er noch heute persönlich vorsprechen. Gegen 16.00 Uhr, wenn die anderen Kandidaten weg seien, wäre der beste Zeitpunkt. Mittlerweile sind Herr Dr. Nietnagel und Herr Schmitz eingetroffen.

Hr. Nietnagel:	Fr. Becker, ist Herr Schmitz bereits eingetroffen? Wenn ja, führen Sie ihn bitte herein.

Fr. Becker lässt Herrn Schmitz eintreten.

Hr. Nietnagel:	Bitte, nehmen Sie Platz, Herr Schmitz. Die Herren kennen Sie ja schon. Wie war heute früh die Anreise? Sind Sie mit dem Auto gekommen?
Hr. Schmitz:	Ja, bin ich. Wissen Sie, ich fahre gerne Auto. Man ist einfach flexibler. Die Anreise war auch ganz unproblematisch.

Hr. Nietnagel:	*Auch bei der Position des Einkäufers müssen Sie oft mit Ihrem Pkw Kundentermine vor Ort wahrnehmen. Ist das ein Problem für Sie?*
Hr. Schmitz:	*Nein, überhaupt nicht. Wie gesagt, ein Auto ist für mich selbst ja ein Stück weit Bewegungsfreiheit.*
Hr. Nietnagel:	*Was sind denn so Ihre Gehaltsvorstellungen?*
Hr. Schmitz:	*Also, Herr Dr. Nietnagel, ich möchte es ganz offen und ehrlich kommunizieren. Geld ist mir wichtig und ich möchte mich im Hinblick auf meine jetzige Beschäftigung nicht verschlechtern. Dort verdiene ich rund 3500 €/Monat und es gibt Gratifikationen sowie Urlaubs- und Weihnachtsgeld. Aber Herr Dr. Nietnagel, sie sehen ja anhand meines Lebenslaufes, dass ich erfolgreich ein Studium abgeschlossen habe. Ich sage da ganz selbstbewusst: dieses Geld bin ich auch wert.*
Hr. Nietnagel:	*Ich mag selbstbewusste Menschen. Außerdem ist dies für die Position des Einkäufers auch nicht gerade schlecht. Man muss ja schließlich dem Kunden auch selbstbewusst gegenüber treten, seinen Standpunkt und unsere Vorzüge selbstverständlich gut verkaufen.*
Hr. Schmitz:	*Das freut mich, dass Sie das so sehen. Welche Entscheidungskompetenzen sind denn mit dieser Stelle verbunden?*
Hr. Nietnagel:	*Auch das ist eine gute Frage, wie ich finde. Also Sie unterstehen direkt nur Herrn Mahlzahn, der wiederum mir unterstellt ist. Das bedeutet natürlich, dass sie große Entscheidungsbefugnisse haben werden, sollten wir uns für Sie entscheiden. Zudem könnten Sie bei uns sehr eigenverantwortlich arbeiten. Das sollte Ihnen, so wie ich Sie einschätze, doch auch entgegenkommen.*
Hr. Schmitz:	*Da haben Sie vollkommen recht, Herr Dr. Nietnagel.*
Hr. Nietnagel:	*Das hab ich mir doch gedacht.* (Nietnagel lacht) *Noch eine andere Frage Herr Schmitz: Warum wollen Sie eigentlich ihre derzeitige Firma verlassen?*
Hr. Schmitz:	*Auch hier möchte ich Ihnen ganz ehrlich antworten. Dem Maschinenhandel Walter GmbH u. Co. KG geht es momentan nicht so gut. Deswegen habe ich mich auch bei der*

Lummerstädter Agentur gemeldet. Es gab meiner Meinung nach in letzter Zeit zu viele Wechsel auf Geschäftsführerebene. Seit wir vor zwei Jahren von einer Investmentfirma übernommen wurden, hat sich vieles verändert. Es werden meiner Meinung nach zu wenig Erhaltungs- und Rationalisierungsinvestitionen durchgeführt, - ganz zu schweigen von Erweiterungsinvestitionen. Wenn das so weitergeht, wird der Betrieb so auf Dauer nicht überleben. Und deswegen möchte ich gerne präventiv agieren und suche daher eine andere, interessante Herausforderung in einem gut geführten Betrieb, der mir für die nächsten Jahre ein sicheres Auskommen bieten kann. Deswegen habe ich mich bei Ihnen beworben.

Hr. Nietnagel: *Danke Ihnen für die offenen und netten Worte. Ich muss mich nun entschuldigen. Sie hören auf jeden Fall von uns. Fr. Becker wird Ihnen ihre Auslagen ersetzen. Gute Heimreise! Auf Wiedersehen, Herr Schmitz.*

Pünktlich um 15:00 Uhr erscheint Fr. Malschuk im Büro von Fr. Becker.

Fr. Malschuk: *Guten Tag Fr. Becker, wie geht es Ihnen?*

Fr. Becker: *Danke der Nachfrage, gut. Herr Dr. Nietnagel erwartet Sie bereits. Treten Sie ein.*

Fr. Becker hält die Tür zu Herrn Dr. Nietnagels Büro auf.

Hr. Nietnagel: *Ah, Frau Malschuk. Schön, dass Sie da sind. Bitte nehmen Sie Platz. Die beiden Herren kennen Sie ja schon.*

Fr. Malschuk: *Guten Tag, Herr Dr. Nietnagel. Ich freue mich auch.*
(Mit einem freundlichen Lächeln zu Lucas und Nietnagel) *Hallo!*

Hr. Nietnagel: *Nun, Frau Malschuk. Warum haben Sie sich auf die Stelle beworben?*

Fr. Malschuk: *Ähm, wie soll ich es sagen?*
(Herr Nietnagel fährt ihr ins Wort.)

Hr. Nietnagel: *Am besten frei heraus.*

(Frau Malschuk bleibt gelassen und freundlich.)

Fr. Malschuk: *Nun, Herr Dr. Nietnagel. Ich bin derzeit noch Einkäuferin bei der Firma Bolzwerk GmbH. Ich möchte mich jedoch aus familiären Gründen regional verändern. Wir haben vor drei Monaten unser zweites Kind bekommen. Deshalb bin ich heute bei Ihnen.*

Hr. Nietnagel: *Ah, das wusste ich nicht. Dann aber mal herzlichen Glückwunsch, Frau Malschuk.*

Hr. Lucas: *Herzlichen Glückwunsch und alles Gute.*

Hr. Mahlzahn: *Ja, herzlichen Glückwunsch, Frau Malschuk.*

Fr. Malschuk: *Danke. Und deswegen kann ich nicht mehr so weit zur Arbeitsstätte pendeln. Derzeit bin ich da täglich mehr als zwei Stunden unterwegs. Die Zeit fehlt mir dann für die Familie. Ihre Firma hingegen liegt für mich ja praktisch um die Ecke, keine 10 Minuten zu Fuß.*

Hr. Nietnagel: *Aber Sie wollen trotzdem Vollzeit arbeiten? Wie flexibel sind sie denn bezogen auf ihre Arbeitszeit? Nicht alles ist ja immer über einen längeren Zeitraum planbar. Wenn ein wichtiger Kunde anruft, dann muss man auch schon mal länger arbeiten oder zum Kunden rausfahren, wenn es sein muss.*

Fr. Malschuk: *Ja, ich möchte auf jeden Fall weiter Vollzeit arbeiten. Na ja, ich denke, dass ich schon eine gewisse Planungssicherheit brauche. Andererseits bin ich trotz meiner familiären Verpflichtungen sehr flexibel. Mein Mann ist freiberuflich im IT-Sektor tätig und arbeitet fast ausschließlich von zu Hause aus. Wir haben uns die Erziehung und die häuslichen Pflichten auch bisher immer schon geteilt. Es war daher auch in der Vergangenheit für mich kein Problem, wenn ich bei Dienstreisen mal für ein paar Tage weg musste. Ist ja auch mal ganz angenehm, aus der täglichen Routine rauszukommen. Und für den Notfall haben wir auch eine nette Tagesmutti gefunden, die bei Bedarf einspringen kann.*

Hr. Nietnagel: *Dann wären also die häufigen Außendienste und die Reisetätigkeit für Sie kein Problem?*

Fr. Malschuck:	*Nein, überhaupt nicht. Dadurch, dass ich das tägliche Pendeln einspare, gewinne ich so viel Zeit, dass ich unter dem Strich mehr Zeit habe für meine Familie als vorher. Man muss halt flexibel sein, dann geht das schon.*
Hr. Nietnagel:	*Einen eigenen Pkw haben Sie?*
Fr. Malschuk:	*Ja sicher, ein Auto habe ich.*
Hr. Nietnagel:	*Was stellen Sie sich als Gehalt vor?*
Fr. Malschuk:	*Ich denke, dass 3400 € bis 3700 €/Monat angemessen wären. Was mir aber auch wichtig ist, ist der Urlaubsanspruch.*
Hr Nietnagel:	*In unserem Betrieb üblich sind 20 Tage Urlaub.*
Fr. Malschuk:	*Das ist in meiner familiären Situation etwas wenig. Also an 30 Tage hätte ich schon gedacht. Sonst bleibt ja kaum Zeit, mal mit der Familie in Urlaub zu fahren.*
Hr. Nietnagel:	*Na ja, die 20 Tage sind nun kein Naturgesetz. Wir haben da gelegentlich – wenn ernsthafte Gründe vorlagen, was bei Ihnen ja auch durchaus der Fall wäre – auch schon abweichende Vereinbarungen gehabt. Ich denke, da könnten wir einen Kompromiss finden.*
Fr. Malschuk:	*Schön, und wie sieht es mit den Sozialleistungen aus? Bieten Sie eine betriebliche Altersvorsorge?*
Hr. Nietnagel:	*Nein, soweit sind wir hier noch nicht. Vermögenswirksame Leistungen bieten wir an. 40 Euro je Monat.*
Fr. Malschuk:	*Ok, und die Kompetenzen und Verantwortlichkeiten? Wie sind diese geregelt?*
Hr. Nietnagel:	*Also, vorneweg: Es handelt sich um eine sehr verantwortungsvolle Position, eine Vertrauensposition. Sie sind formal Herrn Mahlzahn unterstellt, wir erwarten aber, dass Sie den gesamten Einkauf selbständig und eigenverantwortlich führen. Ich vertraue Ihnen – wenn wir uns für Sie entscheiden – ein Budget in zweistelliger Millionenhöhe an. Und Sie erhalten Entscheidungs- und Anordnungsbefugnis für den gesamten Einkauf. Das ist schon eine große Verantwortung.*
Fr. Malschuk:	*Das wäre natürlich beruflich für mich jetzt genau der richtige Schritt. Wissen Sie, bisher ist es in meiner Firma so, dass ich zwar die Entscheidungen alle vorbereite, der kauf-*

	männische Leiter, mein Vorgesetzter, behält sich aber für alle größeren Beschaffungen die Entscheidung vor. Management by Exception nennt er das. Für mich bleiben dann die täglichen Routineaufgaben, der Kleinkram, wenn sie so wollen. So wie Sie den Verantwortungs- und Kompetenzbereich hier darstellen, wäre das natürlich eine riesige Herausforderung für mich. Das würde mich schon reizen.
Hr. Nietnagel:	*Keine Angst vor der großen Verantwortung?*
Fr. Malschuk:	*Hm, na ja. Ich würde jetzt lügen, wenn ich einfach nein sagen würde. Aber Angst ist vielleicht nicht der richtige Ausdruck, eher doch so etwas wie Lampenfieber. Das muss, glaube ich, auch sein. Sonst nimmt man die Sache ja wohl doch nicht richtig ernst.*
Hr. Nietnagel:	*Ja, da haben Sie wohl recht. Haben Sie noch weitere Fragen Fr. Malschuk?*
Fr. Malschuk:	*Nein, im Moment keine, Herr Dr. Nietnagel.*
Hr. Nietnagel:	*Dann darf ich mich verabschieden. Wir melden uns bald bei Ihnen. Fr. Becker wird Ihnen ihre Auslagen ersetzen.*
Fr. Malschuk:	*Auf Wiedersehen.*

Fr. Malschuk öffnet die Tür und geht rüber zu Fr. Becker.

Nachdem Fr. Malschuk sich von Fr. Becker verabschiedet hat, ruft Herr Dr. Nietnagel sie zum Diktat

Hr. Nietnagel:	*Fr. Becker, was halten Sie von den Bewerbern? Ich glaube wir werden einen davon einstellen können.*
Fr. Becker:	*Ich habe in der Post den Lebenslauf von Herrn Großkreutz gesehen. Er möchte heute bei Ihnen vorsprechen. Ist es Ihnen recht, wenn er um 16.00 Uhr nachher kommt? Oder möchten Sie ihn nicht mehr anhören?*
Hr. Nietnagel:	*Ja, warum sollte ich nicht? Schaden kann es nicht. Schicken Sie ihn dann zu mir rein, wenn er da ist.*

2 Fallstudie: Nietnagel stellt einen Einkäufer ein

Herr Großkreutz ist ein ehemaliger Auszubildender der Firma Nietnagel, der nach seiner Ausbildung Herrn Knopf - dem bisherigen Einkaufsleiter - als kaufmännischer Mitarbeiter assistiert hat.

Pünktlich um 16.00 Uhr erscheint Herr Großkreutz bei der Sekretärin und lässt sich bei Herrn Dr. Nietnagel anmelden.

Hr. Nietnagel: *Guten Tag, Herr Großkreutz! Wie mir Frau Becker berichtet hat, möchten Sie wieder zu uns zurückkommen.*

Hr. Großkreutz: *Ganz recht, Herr Dr. Nietnagel. Jedoch nicht als einfacher kaufmännischer Mitarbeiter, sondern als Einkäufer. Diese Tätigkeit würde mich interessieren.*

Hr. Nietnagel: *Ich brauche Ihnen nicht zu erklären, warum ich den Posten ausgeschrieben habe. Unser Unternehmen benötigt dringend nach dem Ausscheiden von Herrn Knopf, den Sie ja noch kennen, einen adäquaten Ersatz. Die Verhältnisse haben sich bei uns nicht wesentlich geändert. Im Grunde genommen läuft der Betrieb noch genauso wie damals, als Sie uns verlassen haben, was ich übrigens bedauert habe.*

Hr. Großkreutz: *Sie wissen, Herr Dr. Nietnagel, dass ich fortgegangen bin, um mal einen höheren Posten zu bekommen. Mir war es auf Dauer nicht genug, Herrn Knopf zu assistieren. Deswegen bin ich ja heute hier, um seinen Job zu übernehmen.*

Hr. Nietnagel: *Und weshalb wollen Sie Ihre jetzige Stelle aufgeben?*

Hr. Großkreutz: *Das kann ich Ihnen gar nicht so einfach erklären. Ich würde zunächst sagen, dass mich die Aufgabe hier reizt. Meine Erfahrungen aus der jetzigen Tätigkeit möchte ich nutzen, um sie in Ihrem Betrieb zu verwenden. Da ich Sie und Ihren Betrieb in guter Erinnerung habe, möchte ich gerne als Einkäufer zurückkommen. Ich denke, dass ich ihr Anforderungsprofil doch voll und ganz erfülle. Ich weiß, dass ich diesen Job mindestens genauso gut wie Herr Knopf machen würde.*

Hr. Nietnagel: *Na na, Herr Großkreutz, Sie gehen ja mächtig ran. So kenne ich Sie ja gar nicht.*

Hr. Großkreutz: *Sehen Sie, Herr Dr. Nietnagel, ich kenne Ihren Betrieb noch sehr gut. Daher weiß ich, dass diese Detailkenntnisse zu-*

	sammen mit meinen jetzigen Kompetenzen zum Erfolg für die Firma Nietnagel beitragen würden. Aber, wie gesagt, zunächst müssten Sie mich ja erst einmal einstellen. Was bieten Sie denn so?
Hr. Nietnagel:	Also, ich dachte an 3000 €/Monat, 20 Urlaubstage, übliche Sozialleistungen, die kennen Sie ja bereits.
Hr. Großkreutz:	Wenn Sie noch ein bisschen beim Gehalt drauflegen, würden wir uns schon einig werden.
Hr. Nietnagel:	Ich habe festgestellt, dass Ihre Bewerbung einzig aus Ihrem Lebenslauf besteht.
Hr. Großkreutz:	Ja, ich dachte, mehr muss nicht sein. Sie kennen mich ja. Sie hatten mich als Azubi ja auch eingestellt. Und im Lebenslauf sehen Sie das Weitere.
Hr. Nietnagel:	Ja, die Position eines Einkäufers ist aber nicht vergleichbar mit der eines Azubis. Aber mal sehen. Sie hören dann von uns.
Hr. Großkreutz:	Auf Wiedersehen, Herr Dr. Nietnagel.

Herr Großkreutz verlässt den Raum und ruft Fr. Becker noch ein Tschüß zu.

Herr Lucas und Herr Mahlzahn hatten dem Gespräch mit Herrn Großkreutz nicht beigewohnt. Herr Dr. Nietnagel hatte sie nicht darüber informiert.

Nachdem Herr Lucas gegen 16.30 Uhr in sein Büro zurückgekehrt ist, nimmt er sich die Protokollbogen mit seinen Notizen vor und geht alles noch einmal durch. Aus den noch frischen Eindrücken ergänzt und korrigiert er noch einige Eintragungen.

Als er so die Gespräche Revue passieren lässt, fällt ihm auch einiges auf, was die Gesprächsführung durch Herrn Dr. Nietnagel angeht. „Na ja", denkt er sich, „ein guter Ingenieur mag er ja sein, aber ...".

Arbeitsauftrag:

Nehmen Sie bitte die Rolle von Herrn Dr. Nietnagel kritisch unter die Lupe.

Gesprächsführung durch Herrn Dr. Nietnagel

Was war gut?

Was war schlecht?

Wie könnte man es besser machen?

2.8 Lucas als Moderator

Für 10.00 Uhr morgen früh hat man sich im Büro von Herrn Dr. Nietnagel verabredet, um die Vorstellungsgespräche auszuwerten und zu einer Entscheidung zu kommen. Möglichst noch am gleichen Tag will man der/dem Glücklichen ein Angebot unterbreiten.

Herr Lucas weiß, dass er sich mit eigenen Urteilen und Bewertungen dort sehr zurückhalten muss. Keinesfalls darf er den Eindruck vermitteln, die Entscheidungshoheit des Betriebes, hier also diejenige des Herrn Dr. Nietnagel, anzutasten. Wenn er zum Erfolg beitragen kann, dann am ehesten, wenn er in die Rolle eines Moderators schlüpft, der den Prozess der Entscheidungsfindung strukturiert und steuert, der manchmal die richtigen Fragen stellt und den Prozess, wenn er sich festfährt und ins Stocken gerät, vorantreibt. Und er kann natürlich sein Methodenwissen einbringen, wenn es darum geht, eine rationale Entscheidungsfindung zu gewährleisten.

Genau darauf will er sich nun auch vorbereiten. Er entwirft eine Entscheidungsmatrix, die er morgen zur Diskussion stellen kann. Ein Entwurf also, den er in der Besprechung morgen mit Nietnagel und Mahlzahn in die endgültige Form bringen kann. Das ist sein Hauptanliegen. Hat man sich erst auf eine Entscheidungsmatrix geeinigt, dann kann eigentlich nicht mehr viel schief gehen.

Arbeitsauftrag:

Entwerfen Sie bitte nach dem Prinzip der Nutzwertanalyse eine Entscheidungsmatrix für die Auswahlentscheidung zwischen den vier Kandidaten.
Bestimmen Sie zunächst die anzuwendenden Auswahlkriterien (max. 10) und die Gewichtungen der Kriterien (insges. 100%). Nehmen Sie dann eine Beurteilung der Bewerber vor. Beurteilen Sie jeden Bewerber bezüglich jeden Kriteriums mit einer Note zwischen 1 und 5. Hierbei ist 1 die schlechteste und 5 die beste Bewertung.[1]
Verwenden Sie bitte das nachfolgend abgedruckte Formular.

---

[1] Zur Methode der Nutzwertanalyse vgl. Dincher/Müller-Godeffroy/Scharpf/Schuppan 2010, S. 74 ff.

Entscheidungsmatrix

Merkmal	Bewerber Gewichtung (%)	Gabler Bewertung	Teilwert	Malschuk Bewertung	Teilwert	Müller Bewertung	Teilwert	Schmitz Bewertung	Teilwert
Gesamtwerte	100								

Die Besprechungsrunde am Freitag lief gut. Der Vorschlag von Herrn Lucas, eine Entscheidungsmatrix zu verwenden, fand bei den beiden Herren sofort Zustimmung. Bei der Frage, welche Kriterien berücksichtigt werden sollten und mit welchem Gewicht, gab es einige Diskussionen, schließlich fand man aber auch dort schnell eine Einigung. Immerhin hat man doch mehr also eine Stunde gebraucht, bis die Matrix mit allseitiger Zustimmung stand.

Die Beurteilung der Kandidaten nach diesen Merkmalen ging dann überraschend schnell. Man merkte, dass alle ihre Hausaufgaben gemacht hatten und mit den Bewerbungsunterlagen der vier Kandidaten bestens vertraut waren. Von Vorteil erwies sich auch, dass die Vorstellungsgespräche erst einen Tag zurück lagen und die Eindrücke noch frisch waren.

Man ging so vor, dass jeder – auf ausdrücklichen Wunsch von Herrn Dr. Nietnagel auch Herr Lucas – eine vollständige Beurteilung für alle vier Bewerber abgab, und zwar unabhängig voneinander. Danach legte jeder seine Bewertungen auf den Tisch und Bewerber für Bewerber ging man die Bewertungen durch und diskutierte sie. Sie lagen meist nicht weit auseinander und so war man sich rasch einig, wer die/der Richtige sei.

Gegen Mittag war die Sache erledigt. Herr Dr. Nietnagel und Herr Mahlzahn bedankten sehr herzlich bei Herrn Lucas für seine tatkräftige und sehr nützliche Unterstützung. Mit sich und dem Ergebnis sehr zufrieden kehrte Lucas in seine Agentur zurück. Er freute sich auf das Wochenende.

2.9 Lucas als Ratgeber

Zwei Wochen später. Von der Firma Nietnagel hat Lucas seither nichts mehr gehört. Das Telefon läutet.

Lucas:	*Agentur Lummerstadt, Lucas mein Name. Was kann ich für Sie tun?*
Mahlzahn:	*Hallo, Herr Lucas. Mahlzahn hier. Ich wollte mich doch noch mal melden, um Ihnen kurz zu berichten. Die Sache ging reibungslos weiter. Zwischenzeitlich ist der Arbeitsvertrag unterzeichnet und in zwei Wochen ist schon Arbeitsbeginn. Ich möchte Sie, als kleines Dankeschön und als Anerkennung, wenn Sie Zeit haben, gerne für kommenden Montag zu einem Essen einladen. Also, nennen wir es Arbeitsessen. Ich hätte da nämlich auch noch ein paar fachliche Fragen an Sie.*

Lucas:	*Das ist nun wirklich nicht nötig, Herr Mahlzahn. Das ist doch mein Job. Ich freue mich aber natürlich über Ihre Einladung, und wenn es um ein fachliches Gespräch geht, dann kann ich wohl auch kaum nein sagen.*
Mahlzahn:	*Freut mich, Herr Lucas. Geht es am Montag um 12.30 Uhr bei Ihnen? Wir treffen uns bei mir und gehen dann zusammen rüber in den Gasthof „Zur Sonne", wo ich ab und zu mein Mittagsmahl einnehme.*
Lucas:	*Ja, das geht. Bis Montag dann, Herr Mahlzahn.*
Mahlzahn:	*Das freut mich, Herr Lucas. Bis dann. Auf Wiederhören.*
Lucas:	*Auf Wiederhören, Herr Mahlzahn.*

Wie verabredet gehen Herr Mahlzahn und Herr Lucas am Montag gegen 12.30 Uhr in den Gasthof "Zur Sonne".

Mahlzahn:	*Ich hoffe, Sie haben einen guten Appetit mit gebracht. Das Essen hier ist gut und reichlich.*
Lucas:	*Ja, ich freue mich auf das Essen.*
Mahlzahn:	*Sie wissen ja, ich wollte mich heute bei Ihnen für ihre wirklich gute Arbeit bedanken.*
Lucas:	*Das brauchen Sie nicht. Wie gesagt, es ist mein Job und außerdem hab ich es gern gemacht.*
Mahlzahn:	*Doch, doch, Herr Lucas, Sie haben sich schon ein Lob verdient. Aber - wie schon angekündigt - was ich Sie auch noch fragen wollte: Können Sie mir bezüglich der Einarbeitung der neuen Kraft vielleicht ein paar Tipps geben. Ich möchte da keine Fehler machen. Worauf sollte ich Ihres Erachtens besonders achten.*
Lucas:	*Nun, wie Sie schon früher sagten, Herr Mahlzahn. Es ist eine wichtige Position. Wir haben uns ja auch viel Mühe bei der Auswahl gegeben und viel Zeit investiert. Da wäre es wirklich schade, wenn die Stelle nach kurzer Zeit wieder vakant würde, nur weil im Rahmen der Einarbeitung Fehler gemacht wurden. Und tatsächlich endet der Prozess der Personalauswahl und -bindung ja nicht mit den Unterschriften unter dem Arbeitsvertrag, sondern er endet erst, wenn die Einarbeitung erfolgreich*

	beendet wurde. Nicht selten kommt es vor, dass neu eingestellte Mitarbeiter wieder kündigen, nur weil die Einarbeitungsphase vernachlässigt wurde.
Mahlzahn:	*Ja, ja, Herr Lucas. Darum geht es mir ja. Können Sie mir denn nicht ein paar konkrete Tipps geben, worauf ich da nun achten soll.*

Arbeitsauftrag:

So aus dem Stegreif? Jetzt helfen Sie ihm mal schnell.

Entwerfen Sie einen kleinen Einweisungsplan für die neue Kraft. Wie soll die Einarbeitungsphase aussehen. Worauf soll Mahlzahn besonders achten.

Spickzettel „Einarbeitung"

Was?	Wer?	Wann?

Lucas:	*Ich dachte mir schon, Herr Mahlzahn, dass sich Ihre Fragen auf die bevorstehende Einarbeitung beziehen. Hab mir da vorab schon mal ein paar Notizen gemacht: ein kleiner Entwurf für einen Einweisungsplan mit einigen Hinweisen und Tipps.*
Mahlzahn:	*Toll, das hätte ich gar nicht erwartet. Vielen Dank für die Mühe, Herr Lucas. Ich werde das gleich umsetzen. Das hilft mir sehr.*
	(nach dem Essen)
Lucas:	*Hm. Das Essen war vorzüglich. Vielen Dank für die Einladung. Kann ich Ihnen sonst noch helfen, Herr Mahlzahn.*
Mahlzahn:	*Nein, Herr Lucas. Sie haben mir mehr als genug geholfen. Vielen Dank.*
Lucas:	*Ja, dann brech' ich mal auf. Und wenn Sie demnächst mal wieder eine Stelle zu besetzen haben – egal welche – dann würde ich mich freuen, wenn Sie wieder auf meine Agentur zukommen würden.*
Mahlzahn:	*Darauf können Sie sich verlassen, Herr Lucas. Auf das Angebot werde ich sicherlich schon bald zurückkommen. Alles Gute, Herr Lucas, und noch mal vielen Dank.*
Lucas:	*Gern geschehen. Auf Wiedersehen, Herr Mahlzahn.*
Mahlzahn:	*Auf Wiedersehen, Herr Lucas.*

2.10 Lucas hält Kontakt

Einen Monat später erscheint eine Wiedervorlage im Outlook-Kalender von Lucas: „Herrn Mahlzahn bei Firma Nietnagel kontaktieren; Nachbetreuung".

Arbeitsauftrag:

Überlegen Sie bitte, warum Herr Lucas eine solche Wiedervorlage erstellt hat. Welche Gründe könnte dies haben? Bitte überlegen Sie sich weitere Punkte/Aktivitäten, die Lucas in seinem Bestreben, den Kontakt zwischen Arbeitsagentur und Betrieb zu festigen, unterstützen.

Nachbetreuung des Auftraggebers

Warum?

Wie?

3 Bearbeitungs- und Lösungshinweise

3.1 Vorauswahl der Bewerber

Im Rahmen der Vorauswahl von Bewerbern müssen formale, fachliche und persönliche Auswahlkriterien definiert werden. Im Gesamtkontext ergeben sie die Eignung bzw. Nichteignung eines Bewerbers auf eine konkrete Stelle. Die Auswahlkriterien folgern aus den Anforderungen der Stelle. Deshalb ist hier von dem Anforderungsprofil auszugehen. Durch Selektion und Verdichtung der Anforderungen können die Auswahlkriterien auf ein überschaubares und handhabbares Maß komprimiert werden. Das ist deswegen notwendig, weil bei der Auswahlentscheidung nur eine begrenzte Zahl von Kriterien berücksichtigt werden kann. Es lässt sich hierfür keine konkrete Zahl nennen, unter dem Gesichtspunkt der Praktikabilität sollten aber insgesamt 15 bis 20 Kriterien nicht überschritten werden; im Allgemeinen reichen schon deutlich weniger Kriterien aus.

Für die Zwecke der Vorauswahl, die in erster Linie anhand der Formalkriterien erfolgt, reicht üblicherweise eine weit geringere Zahl von Merkmalen aus. Für die hiesige Fallstudie wurde mit 5 Formalkriterien sowie je einer Gesamtbewertung der fachlichen und der persönlichen Merkmale gearbeitet.

Checkliste für die Vorauswahl der Bewerber

Formale Auswahlkriterien
- Mindestens mittlere Reife
- Kaufmännischer Abschluss
- Mindestens 10 J. Berufserfahrung
- Mindestens 5 Jahre Einkaufserfahrung in verantwortlicher Position
- Führerschein Klasse 3

Fachliche Auswahlkriterien
- Gesamteindruck der fachlichen Qualifikation nach bisherigem Werdegang und den eingereichten Zeugnissen mindestens hinreichend, insbesondere im Hinblick auf:
  - Branchenbezogene Kenntnisse,
  - Kenntnisse im Einkauf,
  - Führungsqualifikation.

Persönliche Auswahlkriterien
- Gesamteindruck der persönlichen Eignung nach bisherigem Werdegang und den eingereichten Unterlagen mindestens hinreichend, insbesondere im Hinblick auf:
  - Integrität,
  - Zuverlässigkeit,
  - Glaubwürdigkeit (hinsichtlich der Bewerbungsmotive).

Wenn die Auswahlkriterien für die Vorauswahl feststehen, können anhand der darauf basierenden Checkliste die Bewerbungen ausgewertet werden. Die Bewerbungen werden hinsichtlich der festgelegten Kriterien durchforstet und die Ergebnisse werden in eine Liste eingetragen (Bewerberliste), die alle Bewerber umfasst. Evtl. können zuvor Bewerber ausgesondert werden, die offenkundig – aus formalen oder inhaltlichen Gründen – für die Stelle nicht in Betracht kommen. In der Fallstudie sind das 3 der 10 Bewerber, so dass die Liste nun noch 7 Bewerber enthält. Die Auswertung nach den Formalkriterien ist relativ unproblematisch, weil es überwiegend um Fakten geht. Nur hier und dort sind Interpretations- und Ermessensspielräume gegeben.

Bewerberliste

Formale Auswahl-kriterien	Bertram	Decker	Gabler	Mal-schuk	Müller	Seeger	Schmitz
Schulab-schluss	Mittlere Reife	Haupt-schule	Mittlere Reife	Abitur	Abitur	Abitur	Abitur
Berufsab-schluss	Industrie-kaufm..	Einzel-handels-kaufm.	Industrie-kauffr.	Industrie-kauffr.	Metall-techniker	Dipl. Betriebs-wirt (FH)	Groß-handelsk. Ingenieur
Berufserfah-rung gesamt	10 Jahre	17 Jahre	40 Jahre	20 Jahre	26 Jahre	5 Jahre	21 Jahre
Einkaufser-fahrung	8 Jahre	11 Jahre	20 Jahre	20 Jahre	12 Jahre	2 Jahre	21 Jahre
Position	mittel	niedrig	mittel	mittel	hoch	mittel	hoch
Führer-schein	ohne	Kl. 2	Kl. 3	Kl 3	Kl. 3	Kl. 3	Kl. 3
Fachliche Auswahl-kriterien							
Gesamtein-druck	o.k.	negativ	o.k.	o.k.	o.k.	o.k.	o.k.
Persönliche Auswahl-kriterien							
Gesamt-eindruck	o.k.	o.k.	o.k.	o.k.	o.k.	negativ	o.k.
Aktion	B Zwischen-bescheid	C Absage	A Einla-dung	A Einla-dung	A Einla-dung	C Absage	A Einla-dung

Die Formulierung von Briefen, vor allem auch wenn es um Absagen geht, verlangt etwas Fingerspitzengefühl. Die Briefe sollten keine Abwertung der Bewerber vornehmen oder gar beleidigend wirken. Andererseits sollte auch eine übertriebene Behutsamkeit und Net-

tigkeit vermieden werden, weil sie verlogen und unecht wirken kann. Auch spricht wenig für lange und ausschweifende Texte. Ob Einladung oder Absage, es geht um einfache und klare Mitteilungen, die eigentlich nicht vieler Worte bedürfen. Das ist aber letztlich eine Frage des persönlichen Stils.
In dem hiesigen Fallbeispiel wurden die Schreiben betont kurz und sachlich gehalten.

Max Mustermann
Mustermann Straße 14
58429 Musterstadt

Nietnagel GmbH & Co. KG
An der Wilden Dreizehn 7
13007 Lummerstadt

Betreff: Ihre Bewerbung vom.....

Sehr geehrter Herr Mustermann,

ich freue mich Ihnen mitteilen zu können, dass ich Sie aufgrund Ihrer Bewerbung vom ..... zu einem Vorstellungsgespräch in meinem Haus einladen möchte.

Bitte erscheinen Sie am 25.07.2010 um 11:00 Uhr im Raum 058.

Für den Fall, dass Sie an diesem Termin verhindert sein sollten, bitte ich um eine kurze Nachricht unter der Tel: 1313.

Mit freundlichen Grüßen

Mahlzahn

Max Mustermann
Mustermann Straße 14
58429 Musterstadt

Nietnagel GmbH & Co. KG
An der Wilden Dreizehn 7
13007 Lummerstadt

Betreff: Ihre Bewerbung vom.....

Sehr geehrter Herr Mustermann,

hiermit bestätigen wir den Eingang Ihrer Bewerbung. Wir bitten Sie um Verständnis dafür, dass eine Entscheidung über die Besetzung der Stelle noch einige Zeit in Anspruch nehmen wird.
Wir bemühen uns, Ihnen bald weitere Nachricht zukommen lassen.

Mit freundlichen Grüßen

Mahlzahn

Max Mustermann
Mustermann Straße 14
58429 Musterstadt

Nietnagel GmbH & Co. KG
An der Wilden Dreizehn 7
13007 Lummerstadt

Betreff: Ihre Bewerbung vom.....

Sehr geehrter Herr Mustermann,

Sie haben sich um die Einstellung als Einkäufer in unserem Hause beworben.
Leider müssen wir Ihnen mitteilen, dass wir uns für die Einstellung eines anderen Bewerbers entschieden haben.
Die hier vorgelegten Bewerbungsunterlagen geben wir zu unserer Entlastung zurück.
Für das unserem Unternehmen entgegengebrachte Interesse und Vertrauen danken wir Ihnen und wünschen Ihnen alles Gute.

Mit freundlichen Grüßen

Mahlzahn

Anlagen: Bewerbungsmappe

3.2 Feinanalyse der schriftlichen Bewerbungsunterlagen

Wie schon bei der Vorauswahl, so muss auch die Festlegung der Auswahlkriterien für die Feinanalyse der Unterlagen aus dem Anforderungsprofil abgeleitet sein. Die Feinanalyse kann vor allem Aussagen zur fachlichen Eignung erbringen. Die meisten der eingereichten Unterlagen geben hierüber Auskunft, aus jeweils verschiedener Perspektive. Der Lebenslauf, der insbesondere den Berufsverlauf aufzeigt, die verschiedenen Schul-, Ausbildungs-, Studien-, Weiterbildungs- und Arbeitszeugnisse, die alle vorrangig unter fachlichen Gesichtspunkten betrachtet werden können.

Die nachfolgenden Lösungshinweise zum Informationsgehalt und zur Nutzung der einzelnen Bewerbungsunterlagen geben beispielhafte Anregungen. Sie sind keine erschöpfende Bearbeitung. Weitere Hinweise hierzu finden sich in den Ausführungen des Kap. 1.4.1.

Informationsgehalt und Nutzung der schriftlichen Bewerbungsunterlagen

Welche Informationen können aus dem *Lebenslauf* gewonnen werden?

- Vorbildung
- Berufserfahrung
- Private Angaben ⟩ Berufsbiographie
- Fremdsprachen
- Besondere Kenntnisse

Worauf ist hierbei zu achten?

- Systematischer Aufbau
- Vollständigkeit
- Lücken
- Biographische Gesichtspunkte: Liegt die Berufs-/Lebenserfahrung vor, die für die Stelle gebraucht wird?

Wie ist die Aussagekraft einzuschätzen?

- zentrale Bewerbungsunterlage mit größtem Informationsgehalt
- vorwiegend verifizierbare Fakten

Wie können Fehlinterpretationen vermieden werden?

- Keine statische Betrachtung (z.B. wechselnde Tätigkeiten können einerseits positiv andererseits auch negativ bewertet werden)

Informationsgehalt und Nutzung der schriftlichen Bewerbungsunterlagen

Welche Informationen können aus dem *Bewerbungsschreiben* gewonnen werden?

- Eigentlich wenig eignungsrelevante Information. Bei Tätigkeiten, die mit dem Verfassen und Schreiben von Texten zu tun haben, ist der Bewerbungsbrief eine Arbeitsprobe. Er gibt Auskunft über:
- Rechtschreibung und Zeichensetzung
- Ausdrucksweise
- Sprachniveau
- Text-Gestaltung
- Logischen Aufbau
- Plausibilität der Darstellung
- Weniger Aussagekräftig: die Begründungen, Motivation, Interessen
-

Worauf ist hierbei zu achten?

- Formale Kriterien
- Stilistische Kriterien (z.B. Rechtschreibung, Grammatik, Schreibstil, Ausdrucksweise)
- Inhaltliche Kriterien (z.B. Schlüssigkeit, Widersprüche)
-

Wie ist die Aussagekraft einzuschätzen?

- Das Bewerbungsanschreiben vermittelt den ersten Eindruck über den Bewerber und ist damit von besonderer Bedeutung. Erzeugt es Interesse mehr über den Bewerber zu erfahren und somit die restlichen Bewerbungsunterlagen anzuschauen?
- Es ist vor allem ein Element für eine direkte Ablehnung bei gravierenden Mängeln.
-

Wie können Fehlinterpretationen vermieden werden?

Aussagen zu Interessen, Motivation etc. sind oft mit Vorsicht zu genießen.

Informationsgehalt und Nutzung der schriftlichen Bewerbungsunterlagen

Welche Informationen können aus den *Schulzeugnissen* gewonnen werden?

- Vor allem bei Berufsanfängern interessant:
- Leistungsschwerpunkte
- Leistungsschwächen
- Schulische Neigungen
- Auffälligkeiten: z.B. Kopfnoten, Bemerkungen
-

Worauf ist hierbei zu achten?

- Schulform
- Leistungskurse/Grundkurse
- Notenniveau
- Hinweise auf Engagement außerhalb des Unterrichtes (z.B. Schülersprecher, Teilnahme an Arbeitsgruppen, etc.)

Wie ist die Aussagekraft einzuschätzen?

- Aufgrund unterschiedlicher Bewertungsmaßstäbe ist die Vergleichbarkeit von Schulnoten gering
- Aussagekraft bezüglich künftiger beruflicher Leistungen ist gering

Wie können Fehlinterpretationen vermieden werden?

Im Rahmen der Personalauswahl z.B. eigene Einstellungstest durchführen

Informationsgehalt und Nutzung der schriftlichen Bewerbungsunterlagen

Welche Informationen können aus den *Arbeitszeugnissen* gewonnen werden?

- Bisherige Tätigkeiten (verfeinerte berufsbiographische Darstellung)
- Arbeitsleistung
- Arbeitsgüte
- Qualifikationen/Kompetenzen
- Soziale Kompetenzen (z.B. Loyalität, Teamfähigkeit, etc.)
-

Worauf ist hierbei zu achten?

- Verklausulierte Zeugnissprache
- Ausführlichkeit / Länge
- „Floskeln" und Auslassungen
-

Wie ist die Aussagekraft einzuschätzen?

- Aussagekraft prinzipiell sehr hoch, Information aber unsicher wegen Codierung.
- Informationsgehalt (informationsarm, -reich) schwankt je nach Aussteller.
- Ist es ein reelles Arbeitszeugnis oder ist es ein beschönigendes Arbeitszeugnis?
-

Wie können Fehlinterpretationen vermieden werden?

Erfordert Wissen über verklausulierte Zeugnissprache sowohl auf Seiten des Ausstellers als auch auf Seiten des Lesers

Zum Zwecke der Feinanalyse der Bewerbungsunterlagen empfiehlt es sich, wie oben bereits erwähnt, aus der Vielzahl der fachlichen Kriterien des Anforderungsprofils durch Selektion und Clusterung eine geringere Zahl von Kategorien zu bilden, die im Entscheidungsprozess gut zu handhaben ist. In dem hiesigen Beispiel sind die Nennungen des Anforderungsprofils insgesamt 5 Kategorien zugeordnet worden, die dann einer Bewertung unterliegen.

Checkliste für die Feinanalyse der schriftlichen Bewerbungsunterlagen

Fachliche Auswahlkriterien

- **allgemeine kaufmännische Qualifikation**
  (Kalkulation, Betriebsanalyse, Rechnungswesen, IT)
- **spezielle einkaufsbezogene kaufmännische Qualifikation**
  (Verkauf, Terminüberwachung, Einkaufsanalyse, Bestell- und Auftragsabwicklung, Marktanalyse, Material- u. Lagerwirtschaft)
- **Kommunikative Fähigkeiten**
  (Verhandlungsführung, Präsentation, Englischkenntnisse, Schriftverkehr)
- **Rechtskenntnisse**
  (Allg. Handelsrecht, Zoll- und Steuervorschriften, Versicherungsrecht)
- **Technische Kenntnisse und Warenkunde**

Persönliche Auswahlkriterien

- **Selbständigkeit**
- **Belastbarkeit**
- **Technisches Verständnis**
- **Mobilität**

Neben den fachlichen geben die schriftlichen Unterlagen auch in einigen Punkten Anhaltspunkte für die persönlichen Merkmale, insbesondere solche, die häufiger in Arbeitszeugnissen angesprochen werden, wie auch jene, die man aus der Berufsbiographie erschließen kann. So kann auf Faktoren wie Belastbarkeit, Selbständigkeit, Mobilität etc. gelegentlich aus der Biographie geschlossen werden, häufig wird in Arbeitszeugnissen das Sozialverhalten thematisiert u.ä. In der hiesigen Checkliste werden vier derartige Kriterien berücksichtigt. Im Wesentlichen sind die persönlichen Kriterien aber eine Sache der Vorstellungsrunden.

Die Ergebnisse der Feinanalyse der schriftlichen Bewerbungsunterlagen werden in die Bewerberliste, die nach der Vorauswahl auf vier Bewerber geschrumpft ist, übertragen. Die Bewerberin Gabler ist unter fachlichen Gesichtspunkten etwas abgeschlagen. Die drei anderen Bewerber liegen noch relativ dicht beieinander auf einem hohen Qualifikationsniveau. Eine Entscheidung kann erst die Vorstellungsrunde bringen. Dort ist auch Gelegenheit, ggf. noch offene Fragen und Unsicherheiten bezüglich der fachlichen Qualifikation zu thematisieren und abzuklären.

Analyseergebnisse der schriftlichen Bewerbungsunterlagen

	Gabler	Malschuk	Müller	Schmitz
Fachliche Auswahlkriterien				
Allg. kaufmännische Qualifikation	5	5	2	5
Spez. einkaufsbezogene Qualifikation	3	5	3	5
Kommunikative Fähigkeiten	3	4	5	4
Rechtskenntnisse	3	4	3	4
Techn. Kenntnisse/ Warenkunde	3	5	4	4
Persönliche Auswahlkriterien				
Selbständigkeit	4	4	4	5
Belastbarkeit	4	5	5	5
Techn. Verständnis	3	5	4	4
Mobilität	2	5	5	5
Bemerkungen				
	Kein eigenes KFZ			

3.3 Vorbereitung und Analyse der Vorstellungsgespräche

Das Augenmerk bei den Vorstellungsgesprächen liegt auf den persönlichen Merkmalen. Sie können im persönlichen Kontakt mit den Bewerbern erhoben werden. Die Analysemerkmale müssen auch hier- wie schon zuvor - aus dem Anforderungsprofil abgeleitet werden. Es sind nur solche Merkmale interessant, die sich auf die Anforderungen der Stelle beziehen. Auch hier ist es notwendig, die große Zahl von Anforderungen so zu verdichten, dass eine im Entscheidungsprozess handhabbare Zahl von Merkmalen verbleibt. In dem hiesigen Beispiel sind die persönlichen Anforderungen zu drei Kategorien zusammengefasst worden, die anhand der Gespräche der Bewertung der Kandidaten zugrunde gelegt werden.

**Checkliste
für die Analyse der Vorstellungsgespräche**

Persönliche Auswahlkriterien

- **Äußerlichkeiten und Verhalten**
  (Kleidung/Körperpflege, Auftreten/Benehmen, Kontaktfreude/Aufgeschlossenheit)

- **Fähigkeiten und Begabungen**
  (Verhandlungsgeschick, Team-/Kooperationsfähigkeit, Ausdrucksvermögen, Organisationstalent, Belastbarkeit, technisches Verständnis)

- **Einstellungen und Charakter**
  (Integrität/Vertrauen; Kosten-/Qualitätsbewusstsein, Mobilität, Selbständigkeit, Zuverlässigkeit/Verbindlichkeit)

Fachliche Auswahlkriterien

- Soweit fachliche Inhalte gezielt oder zufällig angesprochen werden, können alle fachlichen Kriterien berührt werden.
- Ggf. ergänzend zu den Ergebnissen der Analyse der schriftlichen Unterlagen; evtl. ist die fachliche Beurteilung in einzelnen Punkten nach dem Gesprächsergebnis zu revidieren.

Protokollbogen für Vorstellungsgespräche

Name, Teilnehmer

Verlauf

Beobachtungen fortlaufend

Bewertungen fortlaufend

Äußerlichkeiten/Verhalten

Fähigkeiten/Begabungen

Einstellungen/Charakter

Gesprächsführung durch Herrn Dr. Nietnagel

Was war gut?

- Freundlichkeit
- selbstsicheres Auftreten
- offene Kommunikation
- gezielte Ansprache
- hatte Vorkenntnisse aus Bewerbungsunterlagen parat

Was war schlecht?

- Es fehlte an vergleichenden Fragen bei allen Bewerbern
- Die Gespräche waren sehr situativ geprägt
- teilweise hat Herr Dr. Nietnagel reagiert, nicht agiert
- ein roter Faden war oft nicht zu erkennen
- die Organisation war schlecht
- hat teilweise auf die Fragen der Bewerber nicht geantwortet

Wie könnte man es besser machen?

- Klare Gesprächsstruktur
- Checkliste/Gesprächsleitfaden verwenden
- sich mehr Zeit nehmen
- mehr Informationen im Gespräch erfragen

3.4 Entscheidungsfindung

Zur Entscheidungsfindung bei der Auswahl von Mitarbeitern bietet sich die Gegenüberstellung der Bewerber anhand einer Entscheidungsmatrix an.

Dafür müssen zunächst die Merkmale definiert werden, auf die das Unternehmen bei der Personalauswahl schauen möchte. Das sind die Merkmale, die den bisherigen Analysen zugrunde lagen. Es reicht aber nicht, nur auf die einzelnen Merkmale zu blicken und danach die Bewerber zu bewerten. Da im Regelfall bei der Auswahlentscheidung nicht alle Merkmale gleich wichtig sind, sondern einzelne Merkmale eine herausgehobene Bedeutung haben, andere Merkmale von untergeordneter Bedeutung sind, müssen die Merkmale einzeln gewichtet werden. Zudem ist es bei der Merkmalsdefinition wichtig, ausschließlich positiv formulierte Kriterien aufzunehmen, so dass jedes einzelne Kriterium aussagt: Je mehr, desto besser. Wenn diese Arbeiten vollbracht sind, muss die Bewertung der Bewerber anhand dieser Merkmale erfolgen. Die Entscheidungsmatrix ist also nichts anderes als eine spezifische Anwendungsform der Nutzwertanalyse.

Im hiesigen Falle wurde die Entscheidungsmatrix auf zehn Kriterien beschränkt. Eine größere Zahl dürfte selten sinnvoll sein. Es wurden die fünf fachlichen Merkmale der Feinanalyse der schriftlichen Unterlagen übernommen und die drei Merkmale der Analyse der Vorstellungsgespräche. Die fünf Formalkriterien wurden zu zwei Variablen (Bildung und Erfahrung) zusammengeführt. (Prinzipiell könnte die Matrix auch mit deutlich mehr Kategorien ausgewertet werden; ein Gewinn an Entscheidungsqualität wäre damit aber eher nicht verbunden.)

Bei der Gewichtung der einzelnen Merkmale fließen regelmäßig subjektive Aspekte mit ein. Die Entscheidungsmatrix ist daher **kein objektives Auswahlverfahren!** Ein solches ist auch kaum vorstellbar. Schon die Auswahl der Kriterien, ja schon vorher, die Bestimmung der Anforderungen, ist subjektiven Wertungen ausgesetzt. Nicht alle Anforderungen sind objektiv aus der Tätigkeit ableitbar. Einige werden von den Akteuren relativ willkürlich gesetzt. Das gilt generell auch für die Höhe der Anforderungen. Es gibt keinen objektiven Maßstab dafür, wie selbständig ein Einkäufer sein muss (ganz zu schweigen von der Möglichkeit einer objektiven Messung), wie mobil er sein soll (und was man sich darunter vorstellt), wie viele Jahre Berufserfahrung er braucht etc.. All das sind begründbare, letztlich aber doch subjektive Entscheidungen der Personalverantwortlichen.

Immerhin zwingt aber die Methode der Entscheidungsmatrix dazu, gründlich über die Frage nachzudenken und zu diskutieren, welche Anforderungen/Kriterien man berücksichtigen will, welches Gewicht die einzelnen Kriterien haben sollen etc. Die Entscheidungsmatrix zwingt also dazu, über die wichtigen Punkte nachzudenken und nicht einfach „aus dem Bauch" zu entscheiden. Oder anders: Die Entscheidungsmatrix erhöht die Rationalität der Entscheidung, wirkt voreiligen und unbedachten Entscheidungen entgegen und verbessert daher im Allgemeinen die Entscheidungsqualität. Die Wahrscheinlichkeit einer Fehlentscheidung nimmt durch die Anwendung der Entscheidungsmatrix ab. Deshalb wird dieses Verfahren auch in dem hiesigen Fall angewandt.

Entscheidungsmatrix

Merkmal	Bewerber Gewichtung (%)	Gabler Bewertung	Gabler Teilwert	Malschuk Bewertung	Malschuk Teilwert	Müller Bewertung	Müller Teilwert	Schmitz Bewertung	Schmitz Teilwert
Bildung	5	3	15	5	25	5	25	5	25
Erfahrung	15	5	75	5	75	5	75	5	75
Allg. kaufm. Qual.	10	5	50	5	50	2	20	5	50
Spez. kaufm. Qual.	20	3	60	5	100	3	60	5	100
Kommunik. Fähigk.	10	3	30	4	40	5	30	4	40
Rechtskenntnisse	5	3	15	4	20	3	15	4	20
Techn./Warenkunde	5	3	15	5	25	4	20	4	20
Äußeres/Verhalten	10	3	30	5	40	5	50	4	40
Fähigk./Begabungen	10	3	30	4	40	5	50	5	50
Einstell./Charakter	10	3	30	5	50	5	50	4	40
Gesamtwerte	100		350		465		395		460

Mit einer Gesamtpunktzahl von 350 Punkten ist Frau Gabler weit abgeschlagen. Auch Herr Müller bleibt deutlich hinter den beiden Spitzenkandidaten Schmitz und Malschuk zurück. Diese liegen mit je 460 bzw. 465 Punkten beinahe gleichauf. Die Differenz von nur 5 Punkten kann nicht als eindeutige Präferenz zugunsten von Frau Malschuk interpretiert werden. Beide Kandidaten sind für die Stelle offenkundig sehr gut geeignet; eine interessante Konstellation, die dem Betrieb die Wahlmöglichkeit lässt.

3.5 Einarbeitung und Nachbetreuung

Die Phase der Personaleinstellung ist erst beendet, wenn der neu eingestellte Mitarbeiter in das Unternehmen eingeführt und eingegliedert wurde. Die Gefahr, dass der neue Mitarbeiter bei einer mangelnden Unterstützung im Rahmen der Einführung und Einarbeitung das Unternehmen wieder verlässt, ist groß. Der neue Mitarbeiter erlebt gerade in der Anfangsphase viele neue Eindrücke. So kann nicht nur das fachliche neu bzw. betriebsbezogen neu sein, sondern auch das Zwischenmenschliche, der Umgang mit vielen neuen Kollegen, verschiedenen Charakteren, einer anderen Unternehmenskultur etc. Dies bedarf der Unterstützung durch Vorgesetze und Kollegen. Allzu oft wird diese Phase der Personaleinstellung eine zu geringe Bedeutung beigemessen. Dies kann im schlimmsten Fall dazu führen, dass der neue Mitarbeiter innerhalb kurzer Zeit wieder kündigt und der betriebliche Prozess der Personaleinstellung neu begonnen werden muss. Dies führt nicht nur zu erheblichen Zeitverlusten, sondern vor allem auch zu höheren Kosten.

Um dies zu verhindern sollten einige Maßnahmen bereits im Vorfeld des ersten Arbeitstages bedacht werden:

Spickzettel „Einarbeitung"

Was? Wer? Wann?

- **Vorbereitung auf den neuen Mitarbeiter**
  (Vorgesetzter vor Dienstbeginn des neuen Mitarbeiters)
- **Begrüßung des neuen Mitarbeiters**
  (Vorgesetzter, am 1. Tag)
- **Einführung in den Betrieb**
  (Vorgesetzter oder eine von ihm bestimmte Person, i.d.R. am 1. Tag)
- **Einführung in die Arbeitsaufgaben**
  (i.d.R. ein fachlich herausgehobener, langjähriger Mitarbeiter, in den ersten Tagen)
- **Einführung in die Organisationsstruktur**
  (Vorgesetzter, in den ersten Tagen)
- **Anlernen am Arbeitsplatz**
  (i.d.R. ein fachlich versierter, langjähriger Mitarbeiter, in den ersten Wochen)
- **Periodische Fortschrittskontrolle**
  (Vorgesetzter, regelmäßig innerhalb bestimmter Intervalle, aufgabenabhängig)

Die Nachbetreuung eines Arbeitgebers ist für Personaldienstleister von besonderer Bedeutung. Der regelmäßige Kontakt mit Arbeitgebern, insbesondere mit Kunden, kann zur Verstetigung und Festigung der Beziehung zwischen der Agentur und dem Unternehmen führen.[1]

---

[1] Vgl. auch Kap. 1.5.5.

Nachbetreuung des Auftraggebers

Warum?

- Festigung der Kundenbeziehung
- Akquirieren neuer (Vermittlungs-)Aufträge
- „cross-seeling"-Aspekt beachten (d.h. ein Vermittlungsauftrag für eine Arbeitsstelle kann auch dazu dienen, den Kunden für andere Dienstleistungen zu gewinnen)
- Verbesserung des Images der Agentur (bei Zufriedenheit des Kunden)
- Kunde kann durch (beiläufigen) Kontakt mit anderen Arbeitgebern dafür sorgen, dass die Agentur auch von weiteren Arbeitgebern eingeschalten wird

Wie?

- Telefonische Nachfrage beim Arbeitgeber zur Zufriedenheit mit dem neuen Mitarbeiter
- Eintragung in die entsprechenden DV-Fachanwendungen
- Ggf. Vereinbarung eines Betriebsbesuches
- Ggf. Vereinbarung von Treffen auf Messen etc.

4 Anlagen: Bewerbungsmappen

4.1 Udo Müller

Udo Müller • Schloßstr. 111 • 48011 Neu-Lummerland

Firma Nietnagel GmbH & Co. KG
An der Wilden Dreizehn 7
13007 Lummerstadt

14.08.2011

Bewerbung als Technischer Einkäufer

Sehr geehrter Herr Mahlzahn,

die von Ihnen ausgeschriebene Stellenanzeige hat mein Interesse geweckt.

Meine beruflichen Erfahrungen in diesem Bereich erwarb ich durch eine langjährige Beschäftigung in einem Maschinenbaubetrieb.
Dort arbeitete ich als Technischer Zeichner und später als Techniker in der Konstruktionsabteilung für Einzelmaschinenbau. Danach wechselte ich innerhalb der Firma in die Abteilung Materialwirtschaft. Zu meinen Hauptaufgaben zählten das Einkaufen von Waren sowie die Terminverfolgung von Lieferanten und im eigenen Hause. Als Leiter der Materialwirtschaft war ich verantwortlich für alle Verhandlungen mit den Lieferanten.

Teamfähigkeit, Einsatzbereitschaft und Loyalität gehören zu meinen besonderen sozialen Eigenschaften. Ebenso sind verhandlungssichere Englischkenntnisse integraler Bestandteil meiner beruflichen Eignung.

Über eine Einladung zu einem persönlichen Vorstellungstermin würde ich mich sehr freuen.

Mit freundlichen Grüßen

Anlage
Bewerbungsmappe

Udo Müller
Schloßstr. 111, 48011 Neu-Lummerland

Lebenslauf

Persönliche Daten

Geburtsdatum: 22. Juni 1969

E-Mail Adresse: udo-müller@lummerländerweb.de

Werdegang:

05/2007 – 08/2011	Maschinenbau Neu-Lummerland AG, Leiter Materialwirtschaft
05/2005 – 04/2007	Maschinenbau Neu-Lummerland AG, Technischer Einkäufer in der Abteilung Materialwirtschaft
02/2002 – 04/2005	Maschinenbau Neu-Lummerland AG, Maschinenbau-Techniker in der Konstruktionsabteilung
08/1996 – 01/2002	Maschinenbau Neu-Lummerland AG, Technischer Zeichner in der Konstruktionsabteilung

Weiterbildungen:

06/2005 - 10/2006	Berufsbegleitende Weiterbildung zum technischen Betriebswirt (E-Learning)
08/2004	Ausbildereignungsprüfung
07/1996 – 06/2001	Städtische Kollegschule Alt-Lummerland für Technik und Maschinenbau Staatlich geprüfter Techniker im Bereich Fördertechnik

Berufsausbildung:

10/1993 – 07/1996   Maschinenbau Neu-Lummerland AG,
                      Ausbildung zum Metallfacharbeiter

Schulausbildung:

07/1980 – 07/1990   Alt-Lummerländerer Gymnasium
                      Allg. Hochschulreife

07/1976 – 06/1980   Alt-Lummerländer Grundschule

PC-Kenntnisse: MS-Office, Lotus Notes 6.0

Führerschein: Klasse 3

Fremdsprachen: Englisch, Spanisch, Italienisch

Sport: Fußball, Tennis, Darten

Alt-Lummerland, den 14.08.2011

Maschienenbau Neu-Lummerland AG

Maschinenbau Neu-Lummerland AG, Parkstr. 221, 46058 Alt-Lummerland

Zeugnis

Herr Udo Müller, geboren am 22. Juni 1969 in Alt-Lummerland, war von Oktober 1993 bis August 2011 in unserem Unternehmen tätig.

Im Oktober 1993 trat Herr Müller als Auszubildender in unser Unternehmen ein. Nach erfolgreichem Abschluss der Ausbildung arbeitete er bis Januar 2002 als technischer Zeichner in unserer Konstruktionsabteilung für Einzelmaschinenbau. Während dieser Zeit besucht Herr Müller die Fachschule für Technik in Abendform und erlangte den Abschluss: Staatlich geprüfter Techniker.
Somit konnte er von Februar 2002 bis April 2005 als Techniker in der Konstruktionsabteilung eingesetzt werden.
Im Mai 2005 wechselte Herr Müller als Technischer Einkäufer in die Abteilung Materialwirtschaft. Seine sehr guten Arbeitsergebnisse veranlassten uns, Herrn Müller im Mai 2007 die Leitung der Abteilung Materialwirtschaft zu übergeben.

Zu seinen Aufgaben zählte das Einkaufen von Waren und das Aushandeln der Liefer- und Zahlungsbedingungen. Er kontrollierte die Termineinhaltung der Lieferanten sowie die termingerechte Abwicklung im eigenen Hause.
Weiterhin war Herr Müller für die Ausarbeitung von Angeboten und die anschließenden Verhandlungen mit dem Kunden zuständig.

Herr Müller ist ein sehr fähiger und tüchtiger Mitarbeiter. Aufgrund seines technischen Verständnisses und seiner Gewissenhaftigkeit ist er in der Lage, Großprojekte abzuwickeln. Auch unsere Kunden schätzen ihn als kompetenten Ansprechpartner.
Er erfüllte seine Aufgaben zu unserer vollsten Zufriedenheit.
Sein Verhalten gegenüber Vorgesetzten und Kollegen war immer einwandfrei.

Wir bedauern sehr, dass wir durch Verkauf unseres Unternehmens Herrn Müller zum 31.08.2011 kündigen mussten.

Wir danken ihm für seine sehr gute Mitarbeit und wünschen ihm beruflich und privat alles Gute.

Geschäftsführer   Alt-Lummerland, den 31.07.2011

STÄDTISCHE KOLLEGSCHULE ALT-LUMMERLAND FÜR TECHNIK UND MASCHINENBAU

ABSCHLUSSZEUGNIS

Fachschule für Technik und Maschinenbau - Fachrichtung Fördertechnik

Die Leistungen von Herr /Frau _Müller_ während der Ausbildung und in der Prüfung sind in den aufgeführten Fächern wie folgt beurteilt worden:

Methodik des wissenschafts-orientierten Arbeitens	_sehr gut_	Meß-, Steuerungs- und Regelungstechnik	_gut_
Mathematik	_sehr gut_	Elemente des Maschinenbaus	_sehr gut_
Grundlagen der Daten-Verarbeitung	_gut_		
Elektrotechnik	_sehr gut_	Konstruieren und Berechnen	_sehr gut_
Experimentalphysik	_gut_	Fertigungsmaschinen und -verfahren	_gut_
Technische Mechanik	_gut_	Strömungs- und Kolbenmaschinen	_befriedigend_
Chemie	_sehr gut_	Hebe- und Fördertechnik	_gut_
Werkstoffkunde	_gut_	Arbeitsvorbereitung	_gut_
Techn. Zeichnen/ Darst. Geometrie	_befriedigend_	Betriebssoziologie / Arbeitsrecht	_sehr gut_

Bemerkungen: _keine_

Konferenzdatum: _21.06.2001_

Aushändigungsdatum: Neu-Lummerland, den _27.06.2001_

Der Leiter der Fachschule für Technik und Maschinenbau

i.V. _von Werstern_

Herr/Frau *Udo Müller*   geboren am *22.06.1969*

in *Neu-Lummerland*

hat aufgrund der
Ordnung der Abschlußprüfung an Fachschulen für Technik und
Maschinenbau im Lande Neu-Lummerland vom 24.04.1984

am *21.06.2001*

DIE STAATLICHE PRÜFUNG IN DER FACHRICHTUNG

FÖRDERTECHNIK

Schwerpunkt: *Konstruktionstechnik*

                    gut   bestanden.

Herr / Frau *Müller*   ist damit berechtigt, die Berufsbezeichnung

STAATLICH GEPRÜFTER TECHNIKER

zu führen.

Neu-Lummerland, den *21.06.2001*
    (Ort)

                    Der Vorsitzende des staatlichen Prüfungsausschusses

                                Dr. Schnadt

Prüfungszeugnis

Herr *Udo Müller*, geboren am <u>22. Juni 1969</u> hat das

Metallhandwerk

erlernt und vor dem zuständigen Prüfungsausschuss die

Gesellenprüfung zum Metallfacharbeiter

abgelegt und bestanden.

Die Vorsitzende des Prüfungsausschusses

Frau Cekalla

Der Beauftragte der zuständigen Stelle

Herr Dr. Becht

<u>*Neu-Lummerland*, den *14.07.1996*</u>

Die Verordnungen zur Gesellenprüfung des Lummerländer Metallhandwerks treten mit Vollzug des 14.08.1986 in Kraft.
Der Zertifikatsinhaber ist berechtigt gem. §42 II Lummerländer Handwerksordnung (LHO) den Titel des Metallfacharbeiter zu führen.
Die Bestimmungen des §57 IV LHO treten am dem 14.08.1967 in Kraft und sind gem. Lummerländer – Viereckvereinbarungen durch den Vorsitzenden der Lummerländer Metallvereinigung auf unbestimmte Zeit begründet.
Lummerländer Bezirk Neu-Lummerland
Akt.zeichen: 482/511-294
Vorsitzende: Cekalla. Beirat: Dr. Becht, Baumeister, Grundmann, Zekatzik, Bruhnmann, Michels
48596 Neu-Lummerland

Prüfungszeugnis

nach § 11 HwO

Herr Udo Müller

geb. am 22.06.1969

HAT DIE

Gesellenprüfung

im **Metallhandwerk**

BESTANDEN.

DIE EINZELNEN PRÜFUNGSLEISTUNGEN WURDEN WIE FOLGT BEWERTET:

Fertigkeitsprüfung

Arbeitsprobe(n)	*gut*
Ergebnis der Fertigkeitsprüfung	*gut*

Kenntnisprüfung

Technologie	*befriedigend*
Technische Mathematik	*gut*
Technisches Zeichen	*sehr gut*
Wirtschafts- und Sozialkunde	*gut*

Neu-Lummerland, den 14. Juli 1996
(Ort, Tag der letzten Prüfungsleistung)

Vorsitzende des Prüfungsausschusses   Beauftragter der zuständigen Stelle

M. Cekalla   *Dr. Becht*
(Unterschrift)   (Unterschrift)

HWK

Handwerkskammer Neu-Lummerland

Prüfungszeugnis

Herr Udo Müller

geb. am 22.06.1969 in Neu-Lummerland

hat heute vor dem zuständigen Prüfungsausschuss der Handwerkskammer die

Ausbildereignungsprüfung

bestanden und damit gemäß § 2 der Ausbilder-Eignungsverordnung vom 27.01.1989 erforderliche berufs- und arbeitspädagogische Eignung nachgewiesen. Die Prüfung erstreckte sich entsprechend § 2 Ausbilder-Eignungsverordnung auf folgende Handlungsfelder-

- Allgemeine Grundlagen

- Planung der Ausbildung

- Mitwirkung bei der Einstellung von Auszubildenden

- Ausbildung am Arbeitsplatz

- Förderung des Lernprozesses

- Ausbildung in der Gruppe

- Abschluss der Ausbildung

Die Prüfung wurde gemäß § 3 der Ausbilder-Eignungsverordnung durchgeführt.

Neu-Lummerland, den 14.08.2004

Frau von Malkschur	Frau Omalla
Vorsitzende(r) des Prüfungsausschusses	Beauftragte(r) der Handwerkskammer

Zertifikat „e-learning"

Technischer Betriebswirt

Herr Udo Müller

geb. am 22.06.1969 in Neu-Lummerland

hat in der Zeit vom 1. Juni 2005 bis zum 31.Oktober 2006 an der Weiterbildung zum „Technischen Betriebswirt" teilgenommen.

Der Kandidat war im Rahmen der Abschlussprüfung mit

„gutem Erfolg"

zu beurteilen.

Prüfungsinhalte:

- Fertigungstechnik und Produktionswirtschaft (SP)
- Betriebs- und Volkswirtschaft
- Technologie
- Finanzwirtschaft

Neu-Lummerland, den 31.10.2006

Frau Liebigs	Frau Knoop
Vorsitzende(r) des Prüfungsausschusses	Projektleiter(in)

4.2 Molly Gabler

Molly Gabler
Im Feuer 13
77777 Lummmerheim

Firma Nietnagel GmbH & Co. KG
An der Wilden Dreizehn 7
13007 Lummerstadt

Bewerbung als Technische Einkäuferin

Sehr geehrter Herr Mahlzahn,

ich beziehe mich auf Ihre Stellenanzeige in der LAZ und bewerbe mich um die darin genannte Stelle als Technische Einkäuferin.

Auf Grund meiner 20-Jährigen Erfahrung als Einkäuferin/Sachbearbeiterin in einem international tätigen Konzern für Maschinenbau, bin ich der Ansicht, dass ich die erforderlichen Eigenschaften für das von Ihnen genannte Anforderungsprofil mitbringe.

Meine EDV-Kenntnisse beziehen sich auf firmenspezifische Programme, sowie auf Microsoft Word, Excel, Access, PowerPoint und Outlook. Diese EDV-Kenntnisse beziehen sich auf praktische betriebliche Anwendungen.

Außerdem habe ich mit sehr gutem Erfolg an einer SAP-/R3-Schulung teilgenommen.

Meine bisherigen Aufgabenbereiche setzten ein großes Maß an Selbstständigkeit, Initiative und Lernbereitschaft, sowie verantwortungsbewusstes Handeln voraus.

Es würde mich freuen, meine Fähigkeiten und Kenntnisse in Ihrem Unternehmen einsetzen zu können.

In einem persönlichen Gespräch würde ich Ihnen gerne einen noch umfassenderen Eindruck von mir vermitteln und verbleibe in Erwartung Ihres Terminvorschlages.

Mit freundlichen Grüßen

Anlage
Bewerbungsmappe

LEBENSLAUF

Persönliche Daten

Name	Gabler
Vorname	Molly
Geburtsdatum	19.02.1963
Familienstand	ledig

Schulbildung

01.10.1968 – 15.07.1978   Städtische Realschule, Neu-Lummerland

Berufsausbildung

01.10.1978 – 31.07.1981   Ausbildung zur Industriekaufrau bei Fa.S. Elektroteile GmbH, Neu-Lummerland

Beruflicher Werdegang

01.08.1981 – 31.09.1982   Kaufmännische Angestellte bei der Fa. S. Elektroteile GmbH, Neu-Lummerland

01.12.1982 – 28.02.1990   Verkaufssachbearbeiterin bei der Fa. Karosseriebau Schwarz GmbH, Neu-Lummerland

01.03.1990 – 31.01.2000   Einkaufssachbearbeiterin bei der Fa. Karosseriebau Schwarz GmbH, Neu-Lummerland

01.02.2000 – 31.08.2011   Sachbearbeiterin für Terminkoordination und Auftragsabwicklung bei der Fa. Karosseriebau Schwarz GmbH, Neu-Lummerland

EDV Kenntnisse: MS Office anwendungssicher SAP R3

Führerschein: Klasse 3

Fremdsprachen: Englisch verhandlungssicher, Französisch gut

Neu-Lummerland, den 14. Juli 2011

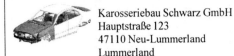

Karosseriebau Schwarz GmbH
Hauptstraße 123
47110 Neu-Lummerland
Lummerland

Arbeitszeugnis

Frau Molly Gabler, geboren am 19. Februar 1963 in Lummerland, gehörte unserem Unternehmen in der Zeit vom 1. Dezember 1982 bis zum 31. August 2011 an.

In den ersten Jahren arbeitete Frau Gabler in der Buchhaltung und im Bereich der kaufmännischen Auftragsabwicklung bei der Karosseriebau Schwarz GmbH.

Ab 1. März 1990 erfolgte ihr Einsatz in der Abteilung "Einkauf Sonderteile und Werksbedarf" bei der Karosseriebau Schwarz GmbH. Im Zuge struktureller Veränderungen wurde sie 1994 in die Abteilung "Einkauf Metallveredlung" und 2009 "Einkauf Komponenten" innerhalb des Geschäftsfeldes "Rohkarossen" übernommen.

In ihrer langjährigen Tätigkeit befasste sich Frau Gabler als Einkaufssachbearbeiterin mit den Beschaffungen von Elektrokomponenten, Kunststoffmaterialien, Verschraubungen und als ein Schwerpunkt mit Ersatzteilen für den Bereich Langbleche. Zu ihrem Tätigkeitsgebiet gehörten im Wesentlichen:

Anfragenerstellung, Einholen von Angeboten, Auswerten der Angebote und Auswahl geeigneter Anbieter unter Berücksichtigung von Preis, Qualität, Funktion, Termin und sonstigen Konditionen, Vorbereitung von Vergabenverhandlungen und selbstständiges Verhandeln mit Anbietern, Abwickeln der Bestellungen einschließlich Schriftverkehr und Terminverfolgung Koordinierung der Materialbestellung für Fremdfertigungen im Ausland, sowie Erfassung und Bearbeitung der Einkaufsvorgänge in einem DV-gestützten System.

Im Februar 2000 wurde Frau Gabler durch Umstrukturierung Sachbearbeiterin im Fachbereich "Terminkoordination und Auftragsabwicklung" und zuletzt in den zum Geschäftsbereich "Stahlwerke/ Blechpresserei" gehörenden Fachbereich "Qualitäts- und Terminsicherung" eingesetzt.

Vorsitzender des Aufsichtsrates: Dr Heinrich Althopfen, Vorstand: Hans-Jürgen Keracin
Sitz der Gesellschaft: 47110 Neu-Lummerland, Lummerland:
Amtsgericht Neu-Lummerland, HRB *4711* USt-IdNr: DE812346276

Karosseriebau Schwarz GmbH
Hauptstraße 123
47110 Neu-Lummerland
Lummerland

Zu ihren Aufgaben auf dem Gebiet der Terminkoordination gehörten die Terminverfolgung für die verschickten Packstücklisten, die Überprüfung der Packstücklisten nach Eingang auf Richtigkeit sowie die Eingabe und Pflege der Packstückdaten in unser Versandsystem. Außerdem war sie zuständig für die Meldung der Versanddaten durch unsere Lieferanten und die Datenklärung mit der jeweiligen Projektleitung und dem Fachbereich "Teilkomponentenbeschaffung".

Die ihr übertragenen Aufgaben erfüllte Frau Gabler auf der Basis eines guten Fachwissens und einer hohen Identifikation mit Gewissenhaftigkeit, Umsicht und großem Fleiß. Sie bewies Selbstständigkeit, Eigeninitiative und Ausdauer sowie die Fähigkeit, sich schnell auf wechselnde Anforderungen einzustellen. Ihre PC-Anwenderkenntnisse (MS-Word und MS- Office) setzte sie effizient ein. Mit ihren Leistungen waren wir stets sehr zufrieden.

Frau Gabler war zuverlässig, loyal, kooperativ und hilfsbereit. Wir schätzten auch ihre angenehme und freundliche Wesensart. Ihr Verhalten gegenüber Vorgesetzten, Mitarbeitern und Geschäftspartnern war jederzeit einwandfrei.

Der unbefriedigende Auftragseingang und die drastisch verschlechterte Ergebnissituation führten zu Umstrukturierungs- und Personalanpassungsmaßnahmen. Da zu unserem Bedauern auch der Arbeitsplatz von Frau Gabler entfallen ist, endet das Arbeitsverhältnis aus betrieblichen Gründen im gegenseitigen Einvernehmen mit dem heutigen Tag.

Wir danken Frau Gabler für die geleistete Arbeit und wünschen ihr für die Zukunft alles Gute.

Neu-Lummerland, 31. August 2011

Karosseriebau Schwarz GmbH
Leiter Geschäftsbereich
Stahlwerke/Blechpresserei

Vorsitzender des Aufsichtsrates: Dr Heinrich Althopfen, Vorstand: Hans-Jürgen Keracin
Sitz der Gesellschaft: 47110 Neu-Lummerland, Lummerland:
Amtsgericht Neu-Lummerland, HRB *4711* USt-IdNr: DE812346276

Lummerländer Industrie- und Handelskammer
Neu-Lummerland – Alt-Lummerland- Lummerländer-Ostkreis

PRÜFUNGSZEUGNIS
NACH §62 Berufsbildungsgesetz (BBiG)

Molly Gabler

geboren am *19. Februar 1963* in *Neu-Lummerland*

hat im Ausbildungsberuf

Industriekauffrau

die Abschlussprüfung am *31. Juli 1981* mit dem Gesamtergebnis

gut -82 Punkte-

bestanden.

PRÜFUNGSERGEBNIS

Geschäftsprozesse	gut
	81 Punkte
Kaufmännische Steuerung und Kontrolle	gut
	86 Punkte
Wirtschafts- und Sozialkunde	sehr gut
	94 Punkte

Einsatzgebiet

Präsentation und Fachgespräch	befriedigend
	74 Punkte

<u>Von Hermanns</u>   <u>Kampermanns</u>
(Die Geschäftsführung)   (Der Vorsitzende des Prüfungsausschusses)

Vor- und Zuname: **Molly Gabler**

geboren am *19. Februar 1963* in *Neu-Lummerland* war vom 01. Oktober 1978 bis 31. Juli 1981 Schülerin der Berufsschule.

Fachklasse: KUV5
Ausbildungsberuf: Industriekauffrau – Industrie/Handel

Die Zeugniskonferenz stellte am 31. Juli 1981

folgende   LEISTUNGEN   fest.

I.   Berufsübergreifender Bereich
   Religionslehre *gut*
   Politik *befriedigend*
   Deutsch *gut*
   Sport *befriedigend*

II.   Berufsbezogener Bereich
   Geschäftsprozesse *gut*
   Wirtschafts- und Sozialprozesse *sehr gut*
   Kaufm. Steuerung und Kontrolle[2] *befriedigend*
   Datenverarbeitung[1] *sehr gut*
   Englisch *gut*

III.   Wahlbereich *Kundentelefonie*

Bemerkungen: keine

Vor- und Zuname: **Molly Gabler**

hat mit der Note **gut** (Durchschnittsnote 2,28) den

Berufsschulabschluss

erworben.

Neu-Lummerland, 31. Juli 1981

Schulleiter	Klassenleiter

D. Meckmann	*G. Gruber*
(Meckmann, OstD)	(Gruber, OstR)

*) Fächer des berufsbezogenen Bereiches, die mit 1) gekennzeichnet sind, und Fächer des Wahlbereiches sind in den Durchschnittsnote nicht einbezogen.

4.3 Jelena Malschuk

Jelena Malschuck
Heilammsdamm 4
48043 Neu-Lummerland

Firma Nietnagel GmbH & Co. KG
An der Wilden Dreizehn 7
13007 Lummerstadt

Ihr Angebot in www.agentur-lummerland.de als Technische Einkäuferin

Sehr geehrter Herr Mahlzahn,

mit großem Interesse habe ich die oben genannte Stellenanzeige im Internetportal der Agentur Lummerland gelesen. Hiermit möchte ich mein Interesse bekunden und mich auf die ausgeschriebene Position in Ihrem Hause als Technische Einkäuferin bewerben.
Da ihr beschriebenes Anforderungsprofil meinen beruflichen Kenntnissen und Fähigkeiten entspricht, bin ich davon überzeugt, eine Bereicherung für Ihr Unternehmen zu sein.

Ich war nahezu 15 Jahre erfolgreich als Technische Einkäuferin bei der Bolzwerk Neu-Lummerland GmbH tätig. Zu meinen Tätigkeitsschwerpunkten zählten die Vertragsverhandlungen mit unseren Kunden, die Kalkulation der Angebote und seit 2001 die interne Abteilungsrevision. Wie Sie meinem Arbeitszeugnis entnehmen konnten, suche ich aufgrund familiärer Änderungen eine neue Herausforderung.
Zudem habe ich mich regelmäßig durch interne Schulungen, als auch durch externe Schulungen stets weiterentwickelt. So spreche ich fließend Englisch und besitze ein verhandlungssicheres Spanisch.

Ich bin verantwortungsbewusst, zuverlässig und äußerst teamfähig.

Über eine Einladung zu einem persönlichen Gespräch würde ich mich sehr freuen.

Mit freundlichen Grüßen
Jelena Malschuck

Anlagen

Lebenslauf

Name:	Jelena Malschuck
Adresse:	Heilammsdamm 4 48043 Neu-Lummerland
Geburtsdatum:	05.02.1974
Telefonnummer:	0175-69282800
E-Mail Adresse:	heike.malschuck@lummerländerweb.de

Schulbildung:

06/1981 – 07/1991	Lummerländer Volksschule
08/1991 – 07/1994	Lummerländer Gymnasium Allgemeine Hochschulreife

Ausbildung:

09/1994 – 07/1997	Ausbildung zur Industriekauffrau bei der Firma Bolzwerk Lummerland GmbH IHK Abschluss „sehr gut"

Berufspraxis:

07/1997 – 09/1997	Tätigkeit als Personalsachbearbeiterin bei der Firma Bolzwerk Lummerland GmbH
10/1997 – lfd.	Tätigkeit als Technische Einkäuferin bei der Firma Bolzwerk Lummerland GmbH

Weiterbildung:

10/1997 – 04/1998	Technische Grundqualifikationen nach ISO- 515DI569

06/2000 – 05/2001	Moderations- und Präsentationsseminar an der Akademie Lummerland
10/2002 – 04/2006	Business Englisch (learning school)
08/2006 – 11/2007	Ausbildung der Ausbilder / Ausbildereignungsprüfung

Führerschein: Klasse 3

Ehrenamtliche Tätigkeit: Betreuung von Menschen (Selbsthilfegruppe)

Neu-Lummerland, den 24.07.2011

Bolzwerk Neu-Lummerland GmbH

Zeugnis

Frau Jelena Malschuck, geboren am 05. Februar 1974, ist seit dem 01.09.1994 in unserem Unternehmen tätig.

Zunächst absolvierte sie eine Ausbildung zur Industriekauffrau, die sie am 28.07.1997 erfolgreich beendete. Im Anschluss daran beschäftigten wir Frau Malschuck aus Fluktuationsgründen für zwei Monate als Sachbearbeiterin im Personalwesen. Anschließend wechselte sie auf ihre vorgesehene Stelle als Sachbearbeiterin im Einkauf. Im Rahmen dieser Tätigkeit nahm sie im Wesentlichen folgende Aufgaben wahr:

- Abwicklung der für ihren Aufgabenbereich anfallenden Korrespondenz
- Einholung von Angeboten
- Vertragsverhandlungen mit unseren Kunden
- Erstellung von Statistiken für das Landesamt Neu-Lummerland
- Pflege von Kundenkontakten
- Abrechnung der bestellten Waren in ihrem Aufgabenbereich
- Prozessmodellierung des ihr übertragenen Aufgabenbereiches
- Erstellung von Analysen im Aufgabenbereich zugehöriger Geschäftsprozessen
- Sicherstellung der Prozessqualität

Seit dem 14.10.2001 übertrugen wir Frau Malschuck zusätzlich den Aufgabenbereich der internen Abteilungsrevision.

Frau Malschuck arbeitete sich kurzfristig sehr schnell in neue Aufgabengebiete ein. Sie war mit großem Engagement und Erfolg eine Bereicherung für unsere Unternehmung.
Wir schätzten Frau Malschuck als zuverlässige und außerordentlich belastbare Mitarbeiterin unseres Hauses. Sie arbeitete mit sehr großem Fleiß und Erfolgswillen, dabei wurde sie stets von den Kollegen und Vorgesetzten als kompetente und hilfsbereite Mitarbeiterin geschätzt.
Sie arbeitete stets zuverlässig, zielstrebig und termingerecht.

Im Umgang mit den Kunden zeigte sich Frau Malschuck als sehr erfolgreiche Einkäuferin. Ihr technischer Sachverstand wurde bei unseren Kunden sehr geschätzt.

Frau Malschuck entwickelte oft neue Ideen zur Verbesserung unserer Geschäftsprozesse, die oftmals unseren Qualitätsmaßstab verbesserten.

Frau Malschuck erledigte alle ihre übertragenen Aufgaben mit hoher Einsatzbereitschaft und Verantwortungsbewusstsein stets zu unserer vollsten Zufriedenheit. Sie erkannte Prioritäten und Problemstellungen, war neuen Aufgaben gegenüber immer aufgeschlossen und behielt auch unter Termindruck den Überblick, so dass sie den gestellten Anforderungen jederzeit mehr als gerecht wurde.

Durch ihr freundliches und zuvorkommendes Wesen, ihr Auftreten, ihre Kooperationsbereitschaft sowie ihr ausgeprägtes Teamverhalten gestaltete sich die Zusammenarbeit mit Frau Malschuck stets angenehm und völlig reibungslos. Frau Malschuck wurde als ehrliche, vertrauenswürdige und kompetente Gesprächspartnerin allseits anerkannt und geschätzt.

Frau Malschuk ist in unserem Unternehmen seit knapp zwanzig Jahren und in ungekündigter Stellung beschäftigt. Wegen der Geburt ihres zweiten Kindes strebt Frau Malschuk eine adäquate Position in der Nähe ihres Wohnortes an. Wir bedauern den bevorstehenden Weggang von Frau Malschuk außerordentlich, respektieren ihren Schritt zum Wohle ihrer Familie gleichwohl. Wir wünschen ihr für ihren weiteren beruflichen und privaten Lebensweg alles erdenklich Gute und hoffen, dass sie eine ihren überdurchschnittlichen Fähigkeiten angemessene Position finden wird.

Bolzwerk Neu-Lummerland GmbH

ppa. Godemann   i.V. van Mechelbrink

HWK

Handwerkskammer   Neu-Lummerland

Prüfungszeugnis

Frau Jelena Malschuk

geb. am 05.02.1974   in Neu-Lummerland

hat heute vor dem zuständigen Prüfungsausschuss der Handwerkskammer die

Ausbildereignungsprüfung

bestanden und damit gemäß § 2 der Ausbilder-Eignungsverordnung vom 27.01.1999 erforderliche berufs- und arbeitspädagogische Eignung nachgewiesen. Die Prüfung erstreckte sich entsprechend § 2 Ausbilder-Eignungsverordnung auf folgende Handlungsfelder-

-Allgemeine Grundlagen

-Planung der Ausbildung

-Mitwirkung bei der Einstellung von Auszubildenden

-Ausbildung am Arbeitsplatz

-Förderung des Lernprozesses

-Ausbildung in der Gruppe

-Abschluss der Ausbildung

Die Prüfung wurde gemäß § 3 der Ausbilder-Eignungsverordnung durchgeführt.

Neu-Lummerland, den 21.11.2007

Herr Dr. Bennhausen   Frau Adamer-Bensch
_____   _____
Vorsitzende(r) des Prüfungsausschusses   Beauftragte(r) der Handwerkskammer

Lummerländer Industrie- und Handelskammer
Neu-Lummerland – Alt-Lummerland- Lummerländer-Ostkreis

PRÜFUNGSZEUGNIS
nach §62 Berufsbildungsgesetz (BBiG)

Malschuck, Jelena

geboren am *05. Februar 1964* in *Neu-Lummerland*

hat im Ausbildungsberuf

Industriekaufmann / Industriekauffrau

die Abschlussprüfung am 28.Juli 1987 mit dem Gesamtergebnis

sehr gut   -95 Punkte-

bestanden.

Schriftliche Prüfung

Industriebetriebslehre	*sehr gut* *98 Punkte*
Wirtschaftslehre und Politik	*sehr gut* *97 Punkte*
Rechnungswesen, automatisierte Datenverarbeitung und Organisation	*gut* *89 Punkte*
Praktische Übungen	*sehr gut* *95 Punkte*

Der Vorsitzende der Neu-Lummerländer Industrie- und Handelskammer zu Neu-Lummerland, Alt-Lummerland und Lummerländer-Ostkreis

Abschlusszeugnis der Berufsschule

Jelena Malschuck

geboren am 05. Februar 1974 in Neu-Lummerland war vom 01.09.1994 bis zum 28.Juli 1997 Schülerin der Berufsschule.
Ausbildungsberuf: Industriekaufmann / Industriekauffrau
Klasse: ISI0571

Die Zeugniskonferenz stellte am 24. Juli 1997 folgende Leistungen fest:

Berufsübergreifender Bereich

Deutsch/Kommunikation	*sehr gut* 1)
Religionslehre	*gut*
Sport/Gesundheitsförderung	*sehr gut*
Politik	*gut* 1)

Berufsbezogener Bereich

Englisch	*gut*
Personalwesen	*gut*
Industriebetriebslehre	*sehr gut*
Rechnungswesen	*gut*
Datenverarbeitung	*sehr gut*

Mündliche Prüfung

Führen einer Vertragsverhandlung	*sehr gut*

Bemerkungen: keine

Jelena Malschuck

hat mit der Note *1,3* (Durchschnittsnote 1) *eins Komma drei*)
den

Berufsschulabschluss

erworben.

Neu-Lummerland, den 28. Juli 1997

Schulleiter: *Braugartner* (OStD)   Klassenleitung: *Kleinelgass*
(StR)

---

1) Die Fächer des Differenzierungsbereiches sind in die Durchschnittsnote nicht einbezogen.

4.4 Karl-Heinz Schmitz

Karl-Heinz Schmitz

Am Goldbach 7

00815 Lummersbach

Nietnagel GmbH & Co.KG
Herrn Mahlzahn
An der Wilden Dreizehn 7
13007 Lummerstadt

Bewerbung als Technischer Einkäufer

Sehr geehrter Herr Mahlzahn,

mit diesem Schreiben bewerbe ich mich um die vakante Position als Technischer Einkäufer in Ihrem Haus.

Wie Sie meinem Lebenslauf und Qualifikationsprofil entnehmen können, ist mein Aufgabengebiet so umfassend, dass ich Ihre Anforderungen in den folgenden Punkten erfülle:

- Kaufmännische Abwicklung
- Einsatz von Metallbearbeitern
- Mehrjährige Erfahrung in der Kalkulation von Fertigungssonderteilen
- Kaufmännische Bearbeitung der Ersatzteilanfragen
- Mehrjährige Erfahrung im Einkauf von Maschinen und Maschinenteilen, Ersatzeilen in Verbindung mit der Instandsetzung, Betriebs- und Hilfsstoffe / Dienstleistungen, Werkzeugen und Arbeitsschutzausrüstungen sowie von kompletten Baugruppen aus dem Metallbereich
- Erstellung von Angeboten sowie Auftragsbestätigungen
- Hohe Leistungsbereitschaft und den Willen sowie die Fähigkeit Verantwortung zu übernehmen
- Ausgeprägte analytische Fähigkeiten, Kommunikations- und Durchsetzungsstärke
- Verbindliches und souveränes Auftreten
- Kontrolle der Vertragserfüllungen und Termine
- Vertragsgestaltung, Auftragskalkulationen und Ergebnisplanung
- Versand und Export
- Planungs- und Organisationsgeschick
- Entscheidungs– und Teamfähigkeit, Strategisches Denken und Ergebnisorientierung

Meine Arbeitsweise ist gekennzeichnet von hoher Einsatzbereitschaft und flexibler Anpassung an Organisationsveränderungen.

Über eine Einladung zu einem persönlichen Gespräch freue ich mich.

Mit freundlichen Grüßen

Karl-Heinz Schmitz
Anlagen

Lebenslauf

Persönliche Daten

Geburtsdatum / - ort	14. Juni 1970 in Neu-Lummerland
Familienstand	verheiratet, 3 Kinder

Beruflicher Werdegang

01/2004 – lfd.	Technischer Einkäufer in leitender Funktion Maschinenhandel Walter GmbH & Co.KG, Neu-Lummerland
09/2003 – 12/2003	Technischer Einkäufer Maschinenhandel Walter GmbH & Co.KG Neu-Lummerland
08/1997 – 08/2003	Einkäufer Maschinenhandel Walter GmbH & Co.KG Neu-Lummerland
08/1996 – 07/1997	Trainee im Bereich Einkaufsorganisation Maschinenhandel Walter GmbH & Co.KG Neu-Lummerland

Studium

09/1991 – 07/1996	Studium an der Lummerländer Hochschule für Maschinenbau, Neu-Lummerland Abschluss: Dipl. Ingenieur, Fachrichtung Maschinenbau

Berufausbildung

09/1988 – 07/1991	Ausbildung zum Kaufmann im Groß- und Außenhandel Fachrichtung Großhandel

Schulbildung

09/1980 – 08/1988   Elfengymnasium, Neu-Lummerland
mit Abschluss

09/1976 – 08/1980   Grundschule, Neu-Lummerland

Weiterbildung

04/2004 – 12/2004   Projektmanagementseminare /-workshops an der Gesellschaft für Weiterbildung e.V. in Neu-Lummerland

02/2001 – 03/2002   Business Englisch (Level c), Benedict-school

Besondere Kenntnisse

EDV   MS Word, Exel, PowerPoint, Access
Windows 98, 2000
SAP R3, R5, R8

Neu-Lummerland, den 23.07.2011

Maschinenhandel Walter GmbH & Co. KG
Marktplatz 4, 48759 Neu-Lummerland

Zeugnis

Herr Karl-Heinz Schmitz, geb. am 14. Juni 1970 in Neu-Lummerland, war zuletzt seit dem am 01.04.2004 als Technischer Einkäufer in leitender Funktion in unserem Unternehmen tätig.

Der Schwerpunkt seiner kaufmännischen Tätigkeit war die komplette Abwicklung unseres technischen Einkaufs, einschließlich der Organisation und Durchführung der termingerechten logistischen Versorgung unserer Werke in ganz Lummerland.

Die Aufgaben als technischer Einkäufer bestanden darin, dass Herr Schmitz in Zusammenarbeit mit den Abteilungen Materialwirtschaft, Montage und Einkauf schlüsselfertige Komponenten, bei denen es sich sowohl um Sonderanfertigungen wie auch um Standardprodukte handelt, zu beschaffen hat. Hierzu gehörte auch die Bedarfserfüllung unserer Abteilung Montage, um die Sicherstellung der Arbeitsorganisation zu gewährleisten.

Ebenso oblag es Herrn Schmitz die komplette Beschaffung von internen Dienstleistungen sicherzustellen.
Zu seinen Aufgabenbereichen zählte unter anderem auch die Beschaffung von Materialien für die Stabsabteilungen Verwaltung und Führung. Des weiteren war die Begutachtung von geeigneten Lieferanten nach wirtschaftlichen Kennzahlen ebenso integraler Bestandteil seiner Arbeit wie Preiskalkulationen, Terminierungen und Qualitätsmanagement. Auch die Ausarbeitung von Lieferverträgen sowie ihre Abwicklung lagen in seinem Verantwortungsbereich. Eigenverantwortliche Führung von Preisverhandlungen bis hin zum Auftragsschluss, verbunden mit der Auftragsabwicklung und Logistik gehörten zur täglichen Arbeit. Ebenso lag die Abteilung IT-Einkauf in seinem Verantwortungsbereich.

Herr Karl-Heinz Schmitz verfügt über ausgezeichnete Kenntnisse auf dem Gebiet des technischen Einkaufs, insbesondere bei der Einkaufsorganisation sowie der Warenkunde.
Herr Schmitz war leitender Angestellter unseres Unternehmens. Er hat in dieser Position wertvolle Arbeit geleistet.

- 2 -

Mit sehr großem Engagement und vorbildlichem Einsatz hat Herr Schmitz unsere Erwartungen an den Stelleninhaber zu unserer vollsten Zufriedenheit erfüllt. Hervorzuheben ist sein strategisches Denken, seine Offenheit und sein konzeptionelles Geschick. Vorbildliche Einsatzbereitschaft und jederzeitige Flexibilität runden sein Profil ab.

Herr Schmitz hat sich gegenüber den Mitarbeitern unseres Hauses und der Geschäftsleitung stets loyal, hilfsbereit und kollegial verhalten. Unsere Kunden sahen in Herrn Schmitz einen kompetenten und äußerst zuvorkommenden Mitarbeiter.
Herr Schmitz hat die an ihn gesetzten Erwartungen bei weitem übertroffen.

Wir bedauern es sehr, dass Herr Schmitz eine neue berufliche Herausforderung sucht.

Wir wünschen ihm alles Gute für seinen beruflichen und privaten Weg.

Neu-Lummerland, den 28.06.2011

ppa. Hubertus von Engelbrecht
Die Geschäftsleitung

4 Anlagen: Bewerbungsmappen

Lummerländer Hochschule für Maschinenbau

Diplomurkunde

Name, Vorname	**Geburtsdatum**	**Geburtsort**
Schmitz, Karl-Heinz	14.06.1970	Neu-Lummerland

hat an der Lummerländer Hochschule für Maschinenbau
am 14. Juli 1996
die Diplomprüfung
mit Erfolg abgeschlossen.

Aufgrund dieser Diplomprüfung
verleiht die Lummerländer Hochschule
für Maschinenbau
den akademischen Grad

Diplom-Ingenieur

Lummerland, den 14. Juli 1996

Der Dekan der Lummerländer **Die Vorsitzende des Prüfungsausschusses**
Hochschule für Maschinenbau

Prof. Dr. Hemhausen *Prof. Dr. Eichbaum*

Lummerländer Hochschule für Maschinenbau

Zeugnis über die Diplomprüfung

Name, Vorname	Geburtsdatum	Geburtsort
Schmitz, Karl-Heinz	14.06.1970	Neu-Lummerland

hat nach den Verordnungen zur Regelung
der Diplomprüfung im Studiengang
Maschinenbau an Fachschulen und in den
entsprechenden Studiengang an Universitäten
- Gesamthochschulen – des Landes Lummerland
(Allgemeine Diplomprüfungsordnung – RHOS –
sowie Fachprüfungsordnung – KBRL) vom 28.0.1978
(HRSD.RI.5978)

die Diplomprüfung abgelegt.

Thema der Diplomprüfung:

Note

Entwicklung eines datenverarbeitungsgestützten Systems
zur Optimierung der Sequenzen einzelner Messeinheiten

gut

Note des Kolloquiums

sehr gut

Aus den Noten der Diplomarbeit und des dazu-
gehörigen Kolloquiums ist unter Berücksichtigung der Noten der Fachprüfungen gemäß
Anlage 1 zu diesem Zeugnis und der Leistungs-
nachweise gemäß Anlage 2 zu diesem
Zeugnis die Gesamtnote der Diplomprüfung
gebildet worden.

Gesamtnote

gut

Lummerland, den 14. Juli 1996   Die Vorsitzende

Prof. Dr. Eichbaum

Lummerländer Hochschule für Maschinenbau

Anlage 1 zum Zeugnis über die Diplomprüfung vom 14. Juli 1996

Name, Vorname	**Geburtsdatum**	**Geburtsort**
Schmitz, Karl-Heinz	14.06.1970	Neu-Lummerland

Hat in den während des Studiums abgelegten **Fachprüfungen** die nachstehenden Noten erhalten:

Noten
(sehr gut, gut, befriedigend, ausreichend)

Physik	*gut*
Werkstoffkunde	*sehr gut*
Mathematik	*sehr gut*
Angewandte Mathematik	*befriedigend*
Wärmelehre	*befriedigend*
Höhere technische Mechanik	*gut*
Technische Mechanik	*sehr gut*
Hydraulik und Pneumatik	*gut*
Fertigungsverfahren	*befriedigend*
Elektrotechnik	*sehr gut*
Konstruktionslehre	*ausreichend*
Strömungslehre / Strömungsmaschinen	*gut*

Für den Prüfungsausschuss
der Lummerländer Hochschule
für Maschinenbau

Die Vorsitzende

Prof. Dr. Eichbaum

Lummerländer Hochschule für Maschinenbau

Anlage 2 zum Zeugnis über die Diplomprüfung vom 14. Juli 1996

Name, Vorname	**Geburtsdatum**	**Geburtsort**
Schmitz, Karl-Heinz	14.06.1970	Neu-Lummerland

Hat in den während des Studiums abgelegten **Leistungsnachweisen** in Fächern, die nicht Gegenstand einer Fachprüfung waren, die nachstehenden Noten erhalten:

Noten
(sehr gut, gut, befriedigend, ausreichend)

Schweißtechnik	*sehr gut*
FE-Methode im Maschinenbau	*gut*
Getriebetechnik	*gut*
Datenverarbeitung für Fortgeschrittene	*befriedigend*
Managementwissen für Ingenieure	*gut*
Konstruktionssystematik	*gut*
Datenverarbeitung	*befriedigend*
Arbeits- und Betriebslehre	*ausreichend*
Energietechnik	*ausreichend*
Rechnergestützte Konstruktion	*gut*
Konstruktive Studienarbeit	*ausreichend*
Chemie	*gut*

Für den Prüfungsausschuss
der Lummerländer Hochschule
für Maschinenbau

Die Vorsitzende

Prof. Dr. Eichbaum

Lummerländer Industrie- und Handelskammer
Neu-Lummerland – Alt-Lummerland- Lummerländer-Ostkreis

PRÜFUNGSZEUGNIS
nach §37 Berufsbildungsgesetz (BBiG)

Schmitz, Karl Heinz

geboren am *14. Juni 1970* in *Neu-Lummerland*

hat im Ausbildungsberuf

Kaufmann im Groß- und Außenhandel
Fachrichtung Großhandel

die Abschlussprüfung am 14. Juli 1991 mit dem Gesamtergebnis

gut – 82 Punkte-

bestanden.

Schriftliche Prüfung

Großhandelsgeschäfte	*gut* *85 Punkte*
Kaufmännische Steuerung und Kontrolle	*befriedigend* *74 Punkte*
Wirtschafts- und Sozialkunde	*gut* *86 Punkte*
Praktische Übungen	*gut* *83 Punkte*

  Bebbermann   *Neuhaus-Schuhmacher*
(Die Geschäftsführung)   (Der Vorsitzende es Prüfungsausschusses)

Abschlusszeugnis der Berufsschule

Karl-Heinz Schmitz

geboren am 14. Juni 1970 in Neu-Lummerland war vom 01.09.1988 bis zum 14.Juli 1991 Schüler der Berufsschule.

Ausbildungsberuf: Kaufmann/-frau Groß- und Außenhandel
Klasse MZ059

Die Zeugniskonferenz stellte am 11. Juli 1991 folgende Leistungen fest:

Berufsübergreifender Bereich

Deutsch/Kommunikation	gut
Religionslehre	gut
Sport/Gesundheitsförderung	befriedigend
Politik	befriedigend

Berufsbezogener Bereich

Englisch	gut
Allgemeine Wirtschaftslehre	sehr gut
Handelsbetriebslehre	gut
Rechnungswesen	befriedigend
Datenverarbeitung	sehr gut

Bemerkungen:
Das Unterrichtsfach Handelsbetriebslehre beinhaltet das fakultative Lernfeld Außenhandel

Karl-Heinz Schmitz

hat mit der Note **2,1**
(Durchschnittsnote **zwei** Komma **eins**)
den

Berufsschulabschluss

erworben.

Neu-Lummerland, den 14. Juli 1991

Schulleiter: *Megmann* (OStD)   Klassenleitung: *Grumbach* (StR)

Die Fächer des Differenzierungsbereiches sind in die Durchschnittsnote nicht einbezogen.

4.5 Jens Großkreutz

Jens Großkreutz

Persönliche Informationen

Geburtsdatum: 31.05.1981
Geburtsort: Alt-Lummerland
Anschrift: Fridrich-Ebert-Str. 4
                68159 Alt-Lummerland

Berufstätigkeiten

04/2007 – lfd.   Technischer Einkäufer bei der Firma Wilhelm Peters AG

10/2003 – 03/2007   Assistenz des Einkäufers bei der Firma Nietnagel
                      GmbH und Co. KG

Ausbildung

10/2000 – 09/2003   Ausbildung als Industriekaufmann bei
                      der Firma Nietnagel GmbH und Co. KG

Zivildienst

11/1999 – 08/2000   Kinderwohnheim in Alt-Lummerland

Schulbildung

08/1997 – 07/1999   Berufskolleg für Wirtschaft und Verwaltung
                      FOS 12 in Alt-Lummerland (Abendschule)

08/1991 – 06/1997   Realschule in Alt-Lummerland

Qualifikationen

sehr gute Kenntnisse der IT-Anwendungen

Tastschreiben 300 Anschläge/Minute

Alt-Lummerland, 26. Februar 2011

Verzeichnis der Abbildungen

                                                                     Seite

Abb. 1: Phasen der Personalrekrutierung   *1*
Abb. 2: Anforderungs-, Kompetenz- und Eignungsprofil   *4*
Abb. 3: Profilvergleich für eine Stelle mit manuellen Tätigkeiten   *5*
Abb. 4: Gütekriterien der Personalauswahl   *6*
Abb. 5: Beurteilungsfehler   *7*
Abb. 6: Validität eignungsdiagnostischer Verfahren   *9*
Abb. 7: Methoden der Personalauswahl   *10*
Abb. 8: Schriftliche Bewerbungsunterlagen   *12*
Abb. 9: Untersuchungsmerkmale eines Lebenslaufes   *15*
Abb. 10: Aufbau eines qualifizierten Arbeitszeugnisses   *17*
Abb. 11: Analyse von Arbeitszeugnissen   *18*
Abb. 12: Gebräuchliche Formulierungen für das Gesamturteil in Arbeitszeugnissen   *19*
Abb. 13: Ausstellerfehler und Verwenderfehler bei Arbeitszeugnissen   *20*
Abb. 14: Voraussetzungen/Vorbereitung des Vorstellungsgespräches   *24*
Abb. 15: Formen von Vorstellungsgesprächen   *25*
Abb. 16: Fragerecht der Arbeitgeber   *27*
Abb. 17: Kategorisierung von Testverfahren   *28*
Abb. 19: Die wichtigsten in Assessment Center gebräuchlichen Einzelverfahren   *31*
Abb. 20: Der Beobachtungs- und Bewertungsprozess   *32*
Abb. 21: Beobachtungsbogen für eine Gruppendiskussion   *32*
Abb. 22: Ablaufschema der Personalauswahl   *37*
Abb. 23: Beispiel einer Entscheidungsmatrix zur Personalauswahl   *38*
Abb. 24: Angewandte Auswahlmethoden der Betriebe bei der Einstellung von Personal und Auszubildenden (%)   *40*
Abb. 25: Auswahlmethoden nach Betriebsgrößenklassen (%)   *41*
Abb. 27: Verbreitung familienfreundlicher Maßnahmen in Unternehmen in Deutschland 2003 und 2006 (%)   *46*
Abb. 28: Phasen der Einführung und Einarbeitung des Personals   *50*
Abb. 29: Checkliste zur Einführung neu eingestellter Mitarbeiter   *51*

Literaturverzeichnis

Albert, Günther: Betriebliche Personalwirtschaft, 9. Aufl., Ludwigshafen 2008

Bartscher-Finzer: Personaleinstellung und Personaleinführung, in: Handwörterbuch des Personalwesens, hrsg. von Eduard Gaugler, Walter A. Oechsler u. Wolfgang Weber, 3. Aufl., Stuttgart 2004, Sp. 1479-1487

Becker, Manfred: Personalentwicklung: Bildung, Förderung und Organisationsentwicklung in Theorie und Praxis, 5. Aufl., Stuttgart 2009

Becker, Manfred: Systematische Personalentwicklung, Planung, Steuerung und Kontrolle im Funktionszyklus, 2. Aufl., Stuttgart 2011

Becker, Manfred: Personalwirtschaft, Stuttgart 2010

Berthel, Jürgen; Becker, Fred G.: Personalmanagement, 9. Aufl., Stuttgart 2010

Brenner, Doris: Neue Mitarbeiter suchen, auswählen, einstellen, München 2003

Bliesener, Thomas: Biographische Fragebögen, in: John, Mechthild; Maier, Günter W. (Hrsg.): Eignungsdiagnostik in der Personalarbeit, Düsseldorf 2007

Bröckermann, Reiner: Personalwirtschaft, 5. Aufl., Stuttgart 2009

Bröckermann, Reiner; Pepels, Werner (Hrsg.): Handbuch Recruitment, Berlin 2002

Bröckermann, Reiner; Pepels, Werner (Hrsg.): Personalmarketing. Akquisition - Bindung - Freistellung, Stuttgart 2002

Detmers, Ulrike: Personaleinstellung, in: Bröckermann, Reiner; Pepels, Werner (Hrsg.): Handbuch Recruitment, Berlin 2002, S. 300-315

Dincher, Roland: Erwartungen und Anforderungen der Betriebe an die Arbeitsverwaltung, ibv-Sonderheft 47/2000, hrsg. von der Bundesanstalt für Arbeit, Nürnberg 2000

Dincher, Roland: Die Arbeitsverwaltung als Personaldienstleister. Ergebnisse und Analysen zum Dienstleistungsmarketing der Arbeitsverwaltung, Neuhofen 2001

Dincher Roland: Personalwirtschaft, 3. Aufl., Neuhofen 2007

Dincher, Roland: Personalmarketing und Personalbeschaffung, 2. Aufl., Neuhofen 2007a

Dincher, Roland; Müller-Godefroy, Heinrich; Scharpf, Michael; Schuppan, Tino: Einführung in die Betriebswirtschaftslehre für die Verwaltung, 3. Aufl., Neuhofen 2010

Drumm, Hans Jürgen: Personalwirtschaft, 6. Aufl., Berlin 2008

Esso Betriebspraxis: Der neue Betriebsleiter, o.O.o.J

Flüter-Hoffmann, Christiane: Unternehmensmonitor Familienfreundlichkeit 2006, hrsg. v. BMFSFJ, Berlin 2006

Grawert, Achim: Die Motivation der Arbeitnehmer durch betriebliche beeinflussbare Sozialleistungen, München 1989

Hesse, Jürgen; Schrader, Hans Christian: Arbeitszeugnisse, Frankfurt 2001

Hilb, Martin: Mentoring, in: Handwörterbuch des Personalwesens, hrsg. von Eduard Gaugler, Walter A. Oechsler u. Wolfgang Weber, 3. Aufl., Stuttgart 2004, Sp. 1151-1161

Huesmann, Monika: Arbeitszeugnisse aus personalpolitischer Perspektive, Wiesbaden 2008

Jetter, Wolfgang: Effiziente Personalauswahl, 3. Aufl., Stuttgart 2008

Jung, Hans: Personalwirtschaft, 9. Aufl., München 2011

Kieser, Alfred; Nagel, Rüdiger; Krüger, Karl-Heinz; Hippler, Gabriele: Die Einführung neuer Mitarbeiter, 2. Aufl., Neuwied 1990

Kleinmann, Martin: Assessment Center, Göttingen 2003

König, Susanne: Personalauswahl, Frankfurt 2003

Knebel, Heinz; Westermann, Fritz: Das Vorstellungsgespräch, Heidelberg 2003

Krüger, Karl-Heinz: Forschungsbericht zur Personalauswahl, in: Bröckermann, Reiner; Pepels, Werner (Hrsg.): Handbuch Recruitment, Berlin 2002, S. 192-227

List, Karl-Heinz: Das zeitgemäße Arbeitszeugnis, Nürnberg 2008

Mag, Wolfgang: Einführung in die betriebliche Personalplanung, München 1998

Mosters, Marcel: Ausbildungsmarketing im Zeichen von PISA, Saarbrücken 2007

Oechsler, Walter A.: Vom Lohnempfänger zum Vergütungsgestalter, in: Personal, Heft 3, 1996, S. 125-129

Oechsler, Walter A.: Personal und Arbeit. Grundlagen des Human Resource Management und der Arbeitgeber-Arbeitnehmer-Beziehungen, 9. Aufl., München 2011

Pepels, Werner: Personalbindung, in: Bröckermann, Reiner; Pepels, Werner (Hrsg.): Personalmarketing, Stuttgart 2002, S. 129-143

Pillat, Rüdiger: Neue Mitarbeiter erfolgreich anwerben, auswählen und einsetzen, 6. Aufl., Freiburg 1994

Püttjer, Christian; Schnierda, Uwe: Arbeitszeugnisse formulieren und entschlüsseln, Frankfurt 2010

Pütz, Helmut: Berufsausbildung, in: Handwörterbuch des Personalwesens, hrsg. von Eduard Gaugler, Walter A. Oechsler u. Wolfgang Weber, 3. Aufl., Stuttgart 2004, Sp. 503-512

Rauen, Christopher: Coaching. Innovative Konzepte im Vergleich, Göttingen, 1999

Reinders, Heinz: Erfolgreiche Bewerbungen in der Wissenschaft, Mannheim 2008

Saar, Christian: Eignungsdiagnostische Instrumente zur Optimierung der Personalauswahl – welchen Aussagewert haben sie und welche verwenden die Unternehmen, in: Informationen für die Bildungs- und Berufsberatung, Ausgabe Nr. 3 vom 1. März 2005

Scherm, Ewald; Süß, Stefan: Personalmanagement, 2. Aufl., München 2010

Schneider, Ursula: Coaching, in: Handwörterbuch des Personalwesens, hrsg. von Eduard Gaugler, Walter A. Oechsler u. Wolfgang Weber, 3. Aufl., Stuttgart 2004, Sp. 651-660

Scholz, Christian: Personalmanagement, 5. Aufl., München 2000

Schuler, Heinz: Psychologische Personalauswahl, 3. Aufl., Göttingen 2000

Schuler, Heinz: Personalauswahl, in: Gaugler, Eduard/Oechsler, Walter A./Weber, Wolfgang (Hrsg.): Handwörterbuch des Personalwesens, 3. Aufl. Stuttgart, 2004 Sp. 1366-1379

Sommerhalder, Markus: Handbuch für die erfolgreiche Personalrekrutierung, Zürich 2005

Stelzer-Rothe, Thomas: Personalauswahl: Persönliche Auswahlverfahren, in: Bröckermann, Reiner; Pepels, Werner (Hrsg.): Handbuch Recruitment, Berlin 2002, S. 240-260

Stopp, Udo: Betriebliche Personalwirtschaft, 27. Auflage, Renningen 2006

Streibl, Florian: Die geheime Sprache der Arbeitszeugnisse entschlüsseln, München 2000

Strutz, Hans: Personalmarketing, in: Handwörterbuch des Personalwesens, hrsg. von Eduard Gaugler, Walter A. Oechsler u. Wolfgang Weber, 3. Aufl., Stuttgart 2004, Sp. 1592-1601

Wagner, Dieter: Cafeteria-Systeme, in: Handwörterbuch des Personalwesens, hrsg. von Eduard Gaugler, Walter A. Oechsler u. Wolfgang Weber, 3. Aufl., Stuttgart 2004, Sp. 632-639

Weber, Susanne: Den besten Mitarbeiter finden – Bewerberflut zielsicher bewältigen, Berlin 2007

Weinert, Ansfried B.; Sarges, Werner: Personalauswahl, in: Handbuch der Personalleitung, hrsg. von D. Wagner, E. Zander, Ch. Hauke, München 1992

Weuster, Arnulf: Personalauswahl, 2. Aufl., Wiesbaden 2008

Wunderer, Rolf.: Führung und Zusammenarbeit – eine unternehmerische Führungslehre, 8. Aufl., Neuwied 2009

Wüst, Sven: Einarbeitung neuer Mitarbeiter, in: Geißler, Karlheinz A./Loos, Wolfgang (Hrsg.): Handbuch Personalentwicklung. Beraten, Trainieren, Qualifizieren. Loseblattsammlung, 54. Erg.-Lfg., Köln, Oktober 1999, S. 1-10

Roland Dincher:
Personalmarketing und Personalbeschaffung.
Einführung und Fallstudie zur Anforderungsanalyse und
Personalakquisition, 104 S.,
2. Aufl., 2007
ISBN 978-3-936098-26-6

Die Beschaffung von Personal ist eines der wesentlichen Arbeitsfelder des betrieblichen Personalwesens. Die wachsende Bedeutung des Themas in der Praxis beweist die Tatsache, dass in den letzten Jahren eine ganze Dienstleistungsbranche entstanden ist, die den Betrieben ihre Unterstützung bei der Personalbeschaffung anbietet. Es handelt sich vor allem um Personalberater und Personalvermittler, Arbeitsvermittler, Arbeitsberater und Arbeitnehmerüberlasser.

Das erste Kapitel gibt eine Einführung in die Personalbeschaffung aus der Perspektive des Personalmarketings. Es bildet die theoretische Grundlage für die Bearbeitung der nachfolgenden Fallstudie.

Die Fallstudie (Kap. 2) wird aus der Sichtweise eines Vermittlers dargestellt, der für einen Betrieb einen Einkäufer sucht. Sie beginnt mit der Kontaktaufnahme und den Vorbereitungen für einen Betriebsbesuch, thematisiert ausführlich die Anforderungsanalyse, und gelangt schließlich zur Personalwerbung mittels einer Stellenanzeige. Durch eine ausführliche Materialsammlung wird eine realitätsnahe Fallgestaltung angestrebt.

Im dritten Kapitel werden ausführliche Bearbeitungs- und Lösungshinweise gegeben, die es erlauben, die Fallstudie auch ohne persönliche Anleitung sinnvoll und nutzbringend zu bearbeiten.

Das Buch richtet sich vor allem an Studierende, die sich auf eine Aufgabe im Personalwesen oder in der Personaldienstleistung - Personalberatung, Personalvermittlung, Arbeitsberatung, Arbeitsvermittlung, Fallmanagement - vorbereiten, ebenso an Praktiker, die sich in die Aufgaben der Personalbeschaffung einarbeiten wollen.

Forschungsstelle für Betriebsführung und
Personalmanagement e.V.

Schriftenreihe

Band 1
Roland Dincher :
Die Arbeitsverwaltung als Personaldienstleister.
Ergebnisse und Analysen zum Dienstleistungsmarketing der
Arbeitsverwaltung, 218 S., 2001
ISBN 3-936098-01-8

Band 2
Claudia Prusik:
Implizite außerfachliche Auswahlkriterien von Betrieben bei der Einstellung
von Auszubildenden, 94 S., Diplomarbeit, 2003
ISBN 3-936098-02-6

Band 3
Roland Dincher:
Personalwirtschaft,
Lehr- und Übungsbuch, 317 S., 3. Aufl., 2007
ISBN 978-3-936098-33-4

Band 4
Roland Dincher; Hans-Jörg Ehreiser; Heinrich Müller-Godeffroy:
Einführung in das betriebliche Rechnungswesen,
Lehr- und Übungsbuch, 226 S., 3. Aufl., 2008
ISBN 978-3-936098-34-1

Band 5

Roland Dincher; Heinrich Müller-Godeffroy; Anton Wengert:
Einführung in das Dienstleistungsmarketing,
Lehr- und Übungsbuch, 192 S., 2004
ISBN 3-936098-05-0

Band 6

Roland Dincher:
Personalmarketing und Personalbeschaffung.
Einführung und Fallstudie zur Anforderungsanalyse und Personalakquisition,
104 S., 2. Aufl., 2007
ISBN 978-3-936098-26-6

Band 7

Roland Dincher; Heinrich Müller-Godeffroy; Michael, Scharpf;
Tino Schuppan;
Einführung in die Betriebswirtschaftslehre für die Verwaltung,
Lehr- und Übungsbuch, 327 S., 3. Aufl., 2010
ISBN 978-3-936098-37-2

Band 8

Roland Dincher; Marcel Mosters:
Personalauswahl und Personalbindung.
Einführung und Fallstudie zur Auswahl, Einstellung und Einarbeitung von neuen Mitarbeitern, 178 S., 2. Aufl., 2011
ISBN 978-3-936098-28-0